みんなの暮らし日記

家事をシンプルに楽しむための、ちょっとしたこと。

JN258685

SE
SHOEISHA

料理家 行正《ゆきまさ》り香《か》さんの 美しく、豊かに 暮らす秘訣

インタビュー・文＝永田さち子　写真＝須田卓馬

心地よい暮らしの基本は
家のなかの環境作り。
料理家として活躍する一方で
「空間を美しく整えることが
好きでたまらない」という
行正さんに、美しい暮らしのための
ヒントを教えていただきました。

家族が自然と集まるリビングには行正さんが「宝石より好き!」と愛してやまない椅子が。北欧のものを中心に、ひとつずつ買い集め、正面の布張りは長女誕生の記念に、自身へのごほうびに購入した思い出深い1脚。

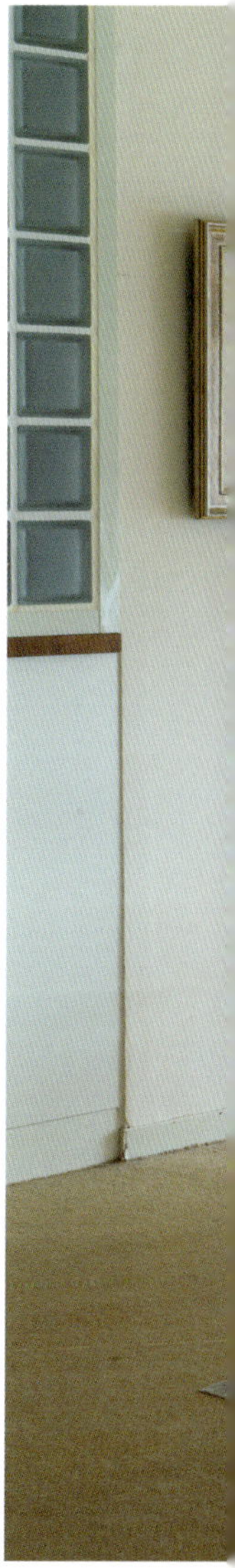

原点は学生時代に訪れた サンフランシスコの一室

行正さんがインテリアに興味を持ったのは、留学先のアメリカでパーティーに招かれたことがきっかけ。

「それはそれは、ショックを受けるくらい素敵な空間で。いろんなお宅に伺うたびに、インテリアにもさまざまなスタイルがあることを知りました」と行正さん。

海外出張が多かった広告代理店勤務時代には、北欧インテリアを中心に、ヨーロッパ各地のホテルやバー、レストランもお手本にしながら、自身のインテリアのスタイルを確立させていったといいます。ワンルームマンションに始まり、現在はご家族と暮らす自宅と、キッチンスタジオのコーディネイトも手掛けてしまった行正さん。そのこだわりがいっぱい詰まったご自宅を見せていただきました。

壁はピンクがかったアイボリー。チェリー材の家具と、壁に飾られた絵がよく馴染みます。来客をもてなすことが多いスペースの椅子は、ウエストのラインが美しいアルネ・ヤコブセン。

動線と収納に徹底的にこだわったキッチン。例えば、扉より引き出しのほうが奥のものを取り出しやすくなります。生活感が出やすい家電製品は、すべて収納してキッチントップはすっきりと。

右／椅子と同様、大切に集めてきた和食器のコレクションもご自慢。骨董品店、神社の古道具市などを巡り集めたものが中心で、今ではなかなか手に入らない貴重な器の数々。
左／北欧の食器類もお気に入り。20年以上、大切に使っているロイヤルコペンハーゲンのティーポット。「注ぎ口が割れてしまい、自己流の金継ぎで直しました（笑）」

窓回りがすっきりするだけでなく、外の景色を絵画のように楽しめるロールカーテン。夏は北側の涼しい場所に、冬は日当たりのいい暖かい場所へ、家具を移動させることで、より心地よい暮らしが実現。

お手本になるスタイルを徹底的に真似してみる

「まず、好きなインテリア雑誌などでお手本を見つけること。インテリアのスタイルを見つけたら、真似をすることから始めてみてください」と行正さん。家具は、最初は安くてもいいからよく似たテイストのものを探し、ブランド家具など値が張るものは、1点ずつ納得がいくまで選びそろえていく。スタイルが決まっていれば、別々に買った家具にも統一感が出てきます。

細かな道具が多いキッチンの収納は、動線を重視。数を一定に保つことも、収納しやすくきちんと片付いたキッチンにつながります。

最後に、忙しい生活のなかで美しく整った部屋を保つコツをお聞きしてみました。

「家事に優先順位をつけ、ルーティンワークにしてタイムスケジュール化することかな。例えば、掃除は朝9時までに終わらせると決めたら、ダラダラと続けない」

美しく心地よい暮らしには、時間を効率よく使うことも大きなポイントのようです。

行正流
美しい暮らしの秘訣

調味料はコンロの近くに

コンロの両側が調味料のスペース。スライド式にすることで、奥のものまで取り出しやすくなっています。使用頻度が高い塩、砂糖などの容器にふたがないのは、右手ですぐ使えるよう、動線を考えてのアイデア。

料理に欠かせないのが音楽

キッチンの引き出しの一段にCDがぎっしり！ 料理を作るときはアップテンポの曲が、ゆったり食事を楽しむときはバッハやモーツァルトがぴったり。料理シーンに合わせ、自らCDもプロデュースしました。

用途別収納で効率アップ

鍋は鍋、ザルはザルというように、1種類の道具を1カ所にまとめて収納するのがルール。例えば、パスタ用、サラダ用など、料理の用途別に道具をまとめることで動線に無駄がなくなり、効率よく料理できます。

壁に絵があると空間が広がる

壁には必ず絵画が飾られています。「それぞれの場所に合う絵を探すのも楽しみ。絵は別世界へつなげてくれる窓のようなもの。壁をそのまま残すより、絵を飾ったほうが空間に広がりを感じられるんですよ」

床と家具の色を合わせる

チェリー材が中心の北欧家具に合わせ、ライトブラウンのウールサイザル（ウールと麻の混合素材）を敷き詰めた床。ひとつずつそろえていったばらばらの家具でも、木の色に合わせて床と壁の色や素材を選ぶことで統一感を作ることができます。

温かみを感じる照明を選ぶ

白い光で照らす蛍光灯やLEDより、温かみを感じる白熱灯、ハロゲンランプなどを取り入れると、部屋全体がホテルや美術館のように。蛍光灯の場合は電球色を選び、ダウンライトをつけるだけでも落ち着いた雰囲気に。

本の背表紙もインテリアのひとつ

ライブラリーはホテルのような大人っぽい空間をイメージ。洋書を中心とした本はジャンルとサイズ別、さらに背表紙が美しいものを選んで収納しています。天井のライトは、デンマークのアンティーク。

PROFILE DATA

行正り香

yukimasa rika

料理研究家。『だれか来る日のメニュー』『おうちに帰って、ごはんにしよう。』『19時から作るごはん』など料理本の他に、『行正り香のインテリア』など44冊の著書がある。NHKワールドでは「Dining with the Chef」のホストを務め、日本料理をプロモートしている。新橋にはFood/Daysというレストランをプロデュース。秋には英語文法のコンテンツが出される。

みんなの暮らし日記

contents

01

Yuriさん

Yuri

収納スペースが少ないので モノは少なく、すっきりと暮らしたい

すべてのものの定位置と ストック量を決めること。 それが自分のルールです

Instagram
Instagram「@yu.ha0314」
https://www.instagram.com/yu.ha0314/

「普通の建売住宅なので、収納スペースが本当に少ないんです」と言うYuriさんですが、モデルルームのようにスッキリと美しいお部屋に住まわれています。同行したカメラマンも驚くほど。

「2年前に引っ越してきたんですが、あまりにも収納が少ないので、できるだけモノを少なくしたいと思ったんです。もともとインテリア好きだったのですが、あまり統一感がなかった。アジア系も好き、北欧系も好き……好きな雑貨を飾ったり、あまり考えずモノを買っていました。でも引っ越しをいい機会として、不要なものは処分しよう！ 変えよう！と思ったんです。

私は、普通にモノの多い家に育ち、それほど整理が得意なほうではない、ズボラな性格。でも、散らかっているのはストレスなんです。きれいな状態を保つためには、掃除のしやすさが大事なんだなと。無駄なものを飾らない。物をできるだけ増やさない、という見極めがだんだんできるようになってきました」

掃除しやすくするためにリビングにはゴミ箱も置いてないのだとか。

「キッチンのシンクトビラに、レジ袋をひっかけるようにしていて、ゴミはみんなそこに持ってきてもらいます。3歳の娘も、おもちゃを広げたら、区切り区切りで片付ける。娘ももう慣れてしまったようです（笑）」

 写真＝山本 宏樹（デルタクリエイティブ）

うだまさしさんという作家さんのもの。ナチュラルな木目で、飾りの少ない部屋のポイントになってくれています。

花瓶は無印良品のもの。お花があると、部屋が明るくなります。生花はずっと置きっぱなしにならないのもいいところ。

子どもを幼稚園に送って、家事を済ませたら、ようやくくつろぎのひとときです。座り心地のいい曲木のチェアで。

PROFILE DATA

▼お名前
Yuriさん

▼お住まい
埼玉県

▼ご家族構成
自分、夫、娘（3歳）

▼住まい
一軒家、築2年、3LDK

▼お仕事
専業主婦

▼趣味、特技
以前習っていたので、書道がちょっと得意です

▼好きな家事
掃除。キレイを保ちたい

▼苦手な家事
料理。クックパッドなしでは生きていけません。レパートリーをもっと増やしたい

ホコリとりは、フワフワがかわいらしい「羊毛ダスター」で。週3回くらい、朝の掃除のときにさっと。

モノが増えたから買う収納ではなく、「モノを増やさないための収納」持ちすぎない暮らしが理想です。

朝の掃除は、毎朝の掃除機かけと床拭きロボットの「ブラーバ」。週に一度は手で水拭きしています。家具などのホコリとりも週3回ほど。

夜は、夕ごはんを済ませたら食器を洗い、掃除機をかけます。そしてラグとソファに粘着式コロコロクリーナーをかけ、LDKを整えています。朝起きてきたときにきれいな状態にしておきたいので。洗濯やキッチンリセットなども夜のうちに完璧に済ますことで朝が大幅にラクになります。

でも、ときにはどうしても掃除のやる気が起きない日もあるんです。そんなときは無理しない。翌日に回してもよしとしています。

そしてスッキリと見せるためには、インテリアになじんでくれる無印良品の収納ボックスや、インテリアとして出しっぱなしにしても素敵に見える、シェーカーボックス、道具入れなどに入れてしまう。箱の中身はざっくりとそこまできっちりと整理していなくても、収納すべき場所に収まっていれば整って見えます。「モノを持ちすぎないようにする収納」を心がけています。

モノ選び

何か買わなければいけないときや、欲しいものがあっても、決してすぐには買わず、かなり調べます。子どもが小さいこともあり、買い物はネットショッピングが多いのですが、情報を集め、時間をかけて検討します。

とりあえず適当にモノを買うことはなくなりました。

リビングに置いている市場かごは大のお気に入り。リモコンやカーペットクリーナー、ハッカ油スプレーなどを入れています。

リビングテーブルと子ども用椅子は無印良品。テーブルの「コの字家具」はさまざまな場所で使えそう。

浮かす

掃除のしやすさのカギは、とにかく「浮かす」ことです。いちいちモノをどかさなくても掃除がしやすいので、とてもラクになります。なんだか掃除しにくい、というストレスをできるだけなくしています。

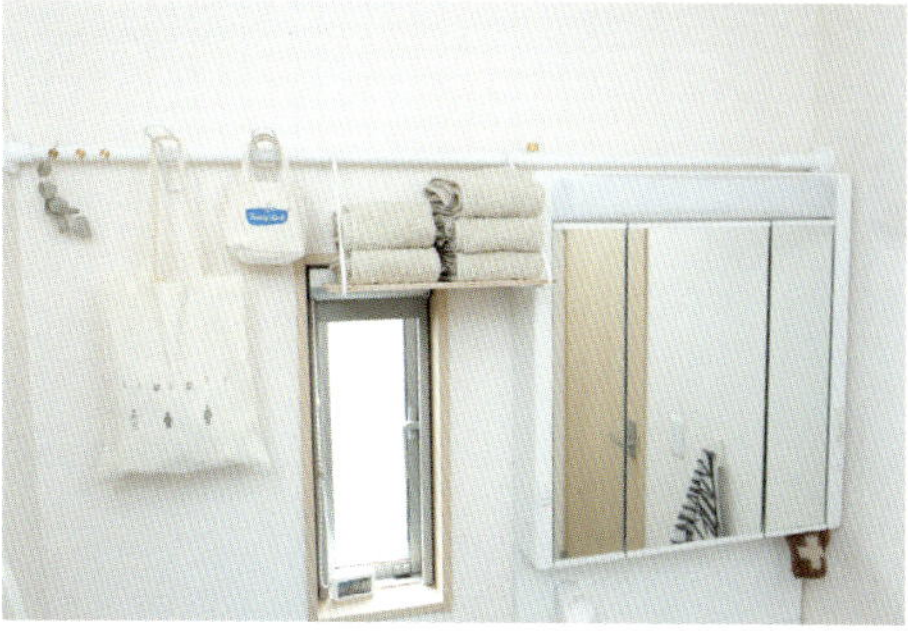

洗面所。タオルや洗濯グッズも浮かす。

左上／寝室に置いているはたきと除菌スプレー。　右上／お風呂掃除用のスポンジと洗剤も入口ドアに。　右下／キッチン入口に置いている、ホコリ取り用の羊毛ダスターとブラシ。目についたときにすぐ手に取って使える。

収納

モノは収納スペースに入るだけしか持たない、と決めています。本当にとっておきたいもの以外の、昔の写真などの思い出関連のモノも期間を決めて処分しています。

リビングの収納には、子どものおもちゃやアイロン、パソコンや充電関連のものなど。見せても素敵な箱類に収めます。

無印良品の食器棚。食器もそこまで量はないので2つの棚で余裕があります。木製棚の方にあまり出番のない2軍の食器を。

玄関収納もファイルボックスで区切って整理し、スペースに余裕を持たせます。

Yuriさんの暮らしスタイル

・浮かす
掃除しやすいように床にモノを置かない

・持たない
モノは収納スペースに収まるだけ

・じっくり選ぶ
モノを買うときは時間をかけて慎重に

02

こずえさん

Kozue

さっぱりと清潔で居心地のいい空間を作りたい。

「小さいときから掃除が好きなんです。掃除をするのはいいこと尽くめなんですよ」と笑うこずえさん。ご主人との2人暮らし。社宅である3LDKのマンションには、風が通り抜けるようなさっぱりとした清潔感のある空間が広がっていました。

「昔から片付けたときの達成感がたまらなく好きで。母の日のプレゼントとして、おうちをキレイにしてあげるような子どもでした（笑）。汚れを見つけると気になってしまい、常にちょこちょこっと手を動かしています。部屋をきれいにしていると、なんだか運もよくなるみたいです（笑）。お掃除をすることで心も暮らしも豊かになるような気がします」

筋金入りのお掃除好きのこずえさんですが、モノがなさすぎる、うるおいのない殺風景な部屋にはしたくないと言います。

「主人の仕事はとても忙しく、7時には家を出て、帰宅は11時。疲れて帰ってくるので、できるだけくつろげる部屋にしたいんです」

そのために、清潔な部屋であることはもち

Instagram
Instagram「@kozue._.pic」
https://www.instagram.com/kozue._.pic/

広々とした和室。無印良品のソファでゴロゴロしながらくつろぐ時間が至福のとき

ろん、視覚的に癒やされるよう植物をあしらったり、またアロマを置いたり、と工夫されています。部屋の雰囲気に統一感を出すことを意識し、好きなナチュラルな木目でそろえるよう、こだわっています。

上／洗濯物は部屋干し派。スポーツマンで、週3回は夜中に筋トレという旦那さんの衣類もここに干します。　左／毎日クイックルワイパーをかけていますが、週に2〜3回水拭きもしています。

旦那さまのためにもシンプルで落ち着く部屋作りをしているこずえさんです。

天然由来成分のファブリック除菌・消臭ミスト「マイハビット」をソファや部屋全体にも。ハーブのいい香り。

PROFILE DATA

▶お名前
こずえさん

▶お住まい
千葉県

▶年代
30代

▶ご家族構成
夫と2人暮らし

▶住まい
マンション、3LDK

▶お仕事
専業主婦

▶趣味、特技
手芸、ゴルフ、ピアノ

▶好きな家事
掃除、洗濯。達成感が好き

▶今の暮らし関連の悩み
主人の帰宅時間が遅いため、就寝時間が遅く生活リズムが崩れてきているので、もう少し改善できたらいいなと思い、夜の家事について見直し中です

▶暮らし関連の夢
今は夫と2人暮らしですが、これから妊娠、出産と新しい家族が増えることを夢みています

写真＝杉本 晴（デルタクリエイティブ）

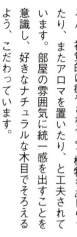

上／寝室はシンプルに。ベッドマットはシモンズのもの。　中／和室の押入れ収納。主人のものがメイン。　下／「バンカーボックス」は思い出ボックス。保存しておきたい大事なものを。

寝室の収納。タオルやパジャマなどを置いています。

少ないモノで暮らすことの幸せを見つけていきたい。

扉を開けたときもキレイ、というのが目標です。気持ちもワクワクしますよね。そのためにはやはり、モノは少ないほうがいい。

昔はお買い物も大好きで、流行の服やバッグをたくさん持っていたんです。でもいざ処分しようと、リサイクルショップに持っていっても1000円にもならないんですよね。そんな経験もあって、もう流行には流されず、自分好みのものだけを、少なく持つようにできたら、と思うようになりました。

今は、衝動買いしたくなったときもとりあえず考える時間を作ります。そして2週間たってみると、不思議と欲しい気持ちがなくなっていたりするんです。100円ショップのものでも、行ってすぐその場で買うことはありません。

以前は買い物することで、ストレスを発散していたのかもしれません。今は、買い物するより家を片付けるほうが、スッキリします(笑)。

お掃除も片付けも毎日コツコツと。少ないモノで暮らすことの幸せを見つけていきたいです。

収納

収納スペースもインテリアみたいにしたいと思っています。そのためにはモノが少ないことが重要ですね。去年引っ越しを機に断捨離できたのでこの状態を保てるよう、生活品とぜいたく品のバランスを取って暮らしていきたいです。

食器は少ないほうかもしれません。シンプルな味付けの肉料理を出すことが多いです。

お気に入りのカウンター下収納。お財布、時計、ハンカチ、指輪など、外出時に使うものをまとめました。

花と香り

アロマやドライフラワーが好き。アロマのいい香りのものがあると気持ちが落ち着きます。ドライフラワーは手入れが楽なのもありますが、ひとつあるだけで、殺風景な印象が消え、居心地のよい空間になるのです。

玄関には無印良品のアロマを。玄関に入った瞬間にいい香りでなごみます。

テレビボードの上は、うちの唯一の飾り棚。季節を感じるものや好きなものを置きます。

こずえさんの暮らしスタイル

- 毎日コツコツ整える
  ためてしまうとやりたくなくなる
- 居心地よい空間作り
  アロマや花でくつろぎをプラス
- 扉の中も美しく
  片付いていると心もスッキリ

ドライのユーカリと、香りもよくて防虫効果もあるクスの木のブロックをオブジェとして飾っています。

和室のコーナー。ドライフラワーがポイントになってくれます。

03

奥山麻里さん

Mari Okuyama

じっくりと選んだ長年愛せる良いものだけを集めて、家事を楽しく。

大好きな道具たちと向き合いながら、丁寧で豊かな暮らしを。

Instagram
Instagram「@s.marimocco」

「私の家事の基本は、母親です。一生かかってもかなわないと思うんですが、とても影響を受けていますね」

青く美しい壁が印象的な、アイランドキッチンのある家で、6歳と4歳のお子さん、旦那様と暮らす奥山さんです。

「母は、器やインテリアなど、モノ選びにこだわりがある人。食事のときのクロスひとつとっても妥協せず、いろんなことをよく知っているんです。今も絵を描いたりDIYをしたり、暮らしを楽しんでいるんですよ。

母は、私たち子どもを全力で育ててくれました。自分を投げ打ってでも、子どもを第一に考えてくれていた。おやつは手作りだし、お料理もおいしくて、特に母の作る唐揚げとお煮しめはお気に入りでした。だから私も、母のやってくれたほどには届かないかもしれないけれど、子どもたちにはできる限りのことをやってあげたいって思っているんです」

古きよき日本の伝統工芸品や、デザインも機能もいい北欧の食器など、長く使えて質の良いものが好きという奥山さん。台所道具はひとつひとつこだわり、選び抜いたものばかりを大事に使っています。

「ご飯は毎朝、羽釜《はがま》で炊きます。慣れてしまえば短時間で炊けます。鉄瓶、フライパンは南部鉄器のもの。鉄分もとれて味もまろやかになるのでお気に入りです」

写真＝小野寺香那恵（Caja del juguete photo studio）

左／パントリー。ひのき製の「照宝」のせいろは、毎日のように使っているお気に入り。手に入りづらく購入するまですごく待ちましたが、買ってよかったもののひとつ。　上／シンク下の引き出し内は、掃除道具などよく使うものを。

子どもたちがお空みたい！と喜んでくれた壁。黄色い鳥がアクセント。

棕櫚《しゅろ》ほうき。とても使いやすい。

鉄瓶で白湯を飲むのが習慣。

フライパンは南部鉄器のもの。

PROFILE DATA

▼**お名前**
奥山麻里さん

▼**お住まい**
宮城県

▼**年代**
30歳

▼**ご家族構成**
主人、私、長女、長男

▼**住まい**
一戸建て

▼**お仕事**
専業主婦（以前は幼稚園教諭でした）

▼**趣味、特技**
ガーデニング、音楽を聴く、音を奏でる、マリンバ

▼**好きな家事**
洗濯、皿洗い、掃き掃除

▼**苦手な家事**
トイレ掃除

▼**挑戦したいこと**
棚を付けたり壁を飾ったりしたい

▼**時間があったらやりたい家事**
毎日、冷蔵庫内の掃除ができたらいいなぁと思っています

▼**今の暮らし関連の悩み**
すぐ生えてくる雑草、お風呂のパッキンの欠けを直したい

▼**暮らし関連の夢**
ソファーをなくして椅子を増やし、大きな植物を置くこと

リビングには、アルゼンチンデザイナーによる有名デザインチェア。

掃除は毎日、朝起きてすぐ、子どもたちが出かけた後、昼食後、夕方、寝る前に。忙しくても朝昼晩の3回は必ずリセットしています。お気に入りのほうきを使うのを楽しんでいるとのこと。

お気に入りのものを丁寧に扱うと心も落ち着きます。

アレルギーを持つ子どものために、家づくりの際には、床や壁材など、天然素材にこだわったという奥山さん。お気に入りの無垢の床を掃除するのは、棕櫚（しゅろ）ほうき。「棕櫚箒製作舎（しゅろほうきせいさくしゃ）」のもので、2年待ちだったとのこと！

「昔ながらの作り方で丁寧に作られており、とても使いやすいんです。細かいところのゴミもよく取れ、夜にさっと掃除したいときにもとても便利。本当に買ってよかったなと思っている愛着のあるほうきです。

衝動買いはほとんどしません。本当に大切にしていけるか、手入れがしやすいか、長年愛していけるか、そうしたことを念入りに調べて検討してから購入します」

そしてこれもきっと一生もの、という革張りの名作椅子「BKFチェア」で、家事が終わった夜のひととき、飲み物を片手にくつろぐのが至福のときだそうです。

掃除道具

毎日の掃除でも、お気に入りのものを使うことで、気持ちも楽しくなります。キッチン掃除には、安全性が高いのに、強い除菌効果がある「コモスイ」や、各種ほうきは、家事に欠かせません。

「コモスイ」は20リットル入りを買っています。

お気に入りのほうきたちは、場所や用途によって使い分け。

南部鉄器のおにぎり焼き器。作家の小笠原陸兆さんの作品。パンケーキもおいしく焼けます。

植物

植物を育てるのが好きな母の影響で私も、グリーンが大好きです。グリーンがないと息が詰まってしまいます。でもできるだけ手入れが楽な植物を選んで、あちこちに置いて楽しんでいます。

マダガスカル産のコーデックス(塊根植物)「パキポディウム・グラキリス」。

コケ玉にコウモリランをキッチンに吊るしています。週に一度水に浸けてやるだけ。

子ども部屋

2階には絵が描くのが好きな娘、乗り物が大好きな息子の子ども部屋。娘はアレルギー持ちなので、壁、天井はどこもしっくいです。湿度を一定に保ってくれる効果もあるそうです。

上／壁はしっくいで、色の部分は海外の水性塗料を3度塗りしてもらいました。　右／いつも本の読み聞かせをしています。

奥山麻里さんの暮らしスタイル

- **長く使えるものだけ**
  家事が楽しくなるよいものを選ぶ
- **植物と暮らす**
  癒やされてインテリアにもなる
- **子どもたちを最優先**
  全力で子育てに集中する

04

Yukoさん

Yuko

手作り、古道具、アンティーク。大好きなものを大切に。家しごとを楽しむ。

週末は午前中が勝負。掃除を済ませ、きれいな部屋で好きなことをします。

「キラキラのある日々」
http://twinkle721.exblog.jp/

実のご両親、旦那様と息子さんという5人暮らしのYukoさん。普段は事務のお仕事をしています。

「フルタイムで働いているので、平日はあまり時間がなく、家事は土曜の午前中が勝負です。まず、はたきをかけ、そのあとにほうき、掃除機。掃除道具や台所道具は、日本人の知恵が詰まった手仕事で作られたものを集めていて、そうした好きな道具を使うと、苦手な家事でもモチベーションが上がり、なんだか楽しいものになるんです。

そして、家事を済ませて、きれいになった部屋で好きなことをするのが楽しみです。お裁縫をしたり、本を読んだり、たまった録画ドラマを観たり。そのために、お掃除を頑張っています（笑）」

家の中の家具は古道具屋さんで購入したものが多いそうです。

「昔の家具の精密さが好きになり、少しずつそろえています。昭和初期の小引き出し棚、寺子屋机（文机）。よく行く古道具屋さんで見つけるほか旅先で探すことも。

手作りのものも好きで、毎年静岡手創り市に行くのが楽しみなんですが、作家さんのお話を聞きながら、丁寧に作られたものを手にとらせていただくと、より愛着が湧いてきます。できるだけ家の中からプラスチック製品をなくしていけたらと思っていて、少しずつ変えていっているところです」

 写真＝窪野 晃子（オフィスグルー）

昭和初期の文机、小机など、好きなものを集めた和室

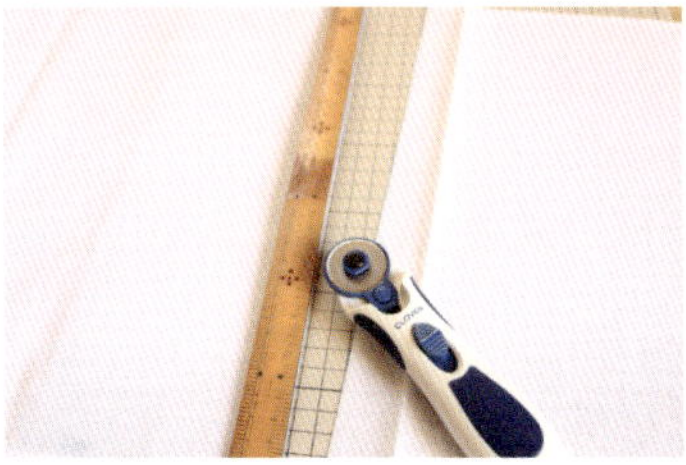

約2年前から始めた「刺し子」。少しずつ縫い上げる時間と、工程そのものが楽しい。一針一針を大切にしたい、と気をつけています。（中段、下段の写真撮影・Yukoさん）

PROFILE DATA

お名前
Yukoさん

お住まい
静岡県

年代
40代

ご家族構成
父、母、夫、息子の5人家族

住まい
一軒家

お仕事
団体職員（事務職）

趣味、特技
刺し子、古道具蒐集

好きな家事
お掃除、お洗濯

苦手な家事
お料理

挑戦したいこと
刺し子の販売

時間があったらやりたい家事
大掃除、収納見直し

今の暮らし関連の悩み
もっと時間が欲しい（笑）

暮らし関連の夢
いつか田舎で古い家を購入し、リノベーションしながら素敵なお家づくりがしたい

天然素材

竹ざるや竹かごなどの天然素材のものが好きです。自然の竹を大切に加工して、素材を活かしながら職人の手で繊細に編み込む、そんな技術が生きている日本に誇りを感じます。もっともっと使い込んでいきたいです。

父が家庭農園で収穫してきた野菜たち

お気に入りの器たち。「道具には持ち主の心が宿る」というので大切に扱っています。

ティッシュケースも竹のもの。お気に入り。

息子のお弁当と、夫、私のお弁当。息子の朝練のために5時からお弁当作り。（写真＝Yukoさん）

家族5人分の家事。同居の母や家族で分担してやっています

朝は5時過ぎには起きて、高校生の息子のお弁当作りからスタート。息子を送り出したら、夫と自分のお弁当作り。同居の父と母の分のお弁当を作ることも。

「家族5人分の食事と、お弁当作り、洗濯など家事は多いですが、母や夫、息子と分担できるところはしています。

お花のインストラクターをしている母、もう退職して畑仕事を楽しんでいる父。父も母も、昔からできるだけ質の良いものを使うことにこだわりがあるタイプ。

週末の朝はゆっくりコーヒーを楽しむのですが、父が生豆からローストして、それを手挽きのコーヒーミルで粉にしたものを丁寧に淹れます。「おうちカフェ」として楽しんでいます。

人生はやらなければならないことのためにあるわけではなく、やりたいことをやるためにある。手帳の中に、いつか書いていた言葉です。やりたいことをやるために、時間を作って、一日一日を大切に過ごしていける自分でありたいです」

時間

土日を有効に使えるよう、金曜のうちに、やりたいことを手帳に書き出します。掃除したい場所や干し野菜作りなど。そうすることで充実した週末が過ごせます。

几帳面な性格と言われます（笑）。

帰宅したら、バッグの中身をすべて出してほうろうバットに置くのが習慣。

梅雨の晴れ間に、竹かごを風通しします。（写真＝Yukoさん）

おにぎりの下に敷いているのは、杉・ひのきを紙のように薄く削った「経木（きょうぎ）」。（写真＝Yukoさん）

古いもの

古くなって味が出てくるのが古道具の良いところ。いろんな人の手を経て、今は自分のところに来ている、という縁を感じながら、大事に手入れしながら使っています。

Yukoさんの暮らしスタイル

・**作ることを楽しむ**
家事、刺しゅう、自分時間を作る

・**素材を大事に**
天然素材を活用した家しごと

・**古さを生かす**
昔の道具の味わいを楽しむ

友人のお母様から譲り受けた昔の裁縫箱

日本酒を温めるときに使われる、「酒タンポ」とか「チロリ」と呼ばれるアルミの入れ物を箸立てに。

父が買ってきたコーヒーミル。生豆から焙煎

I

暮らしを楽しむ

ずっと続く家事だから。
頑張りすぎず、
日常に小さな楽しみを
見つけている人たちの暮らし。

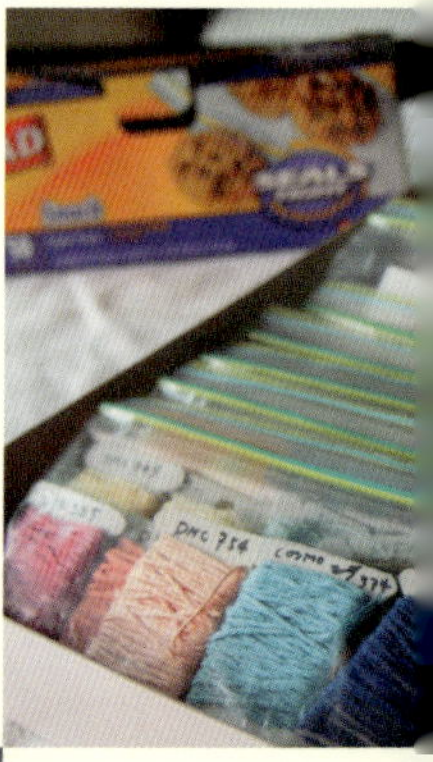

GARDEN

RAGG
RGANIC
W ~ UNFILTERED
PLE CIDER
INEGAR

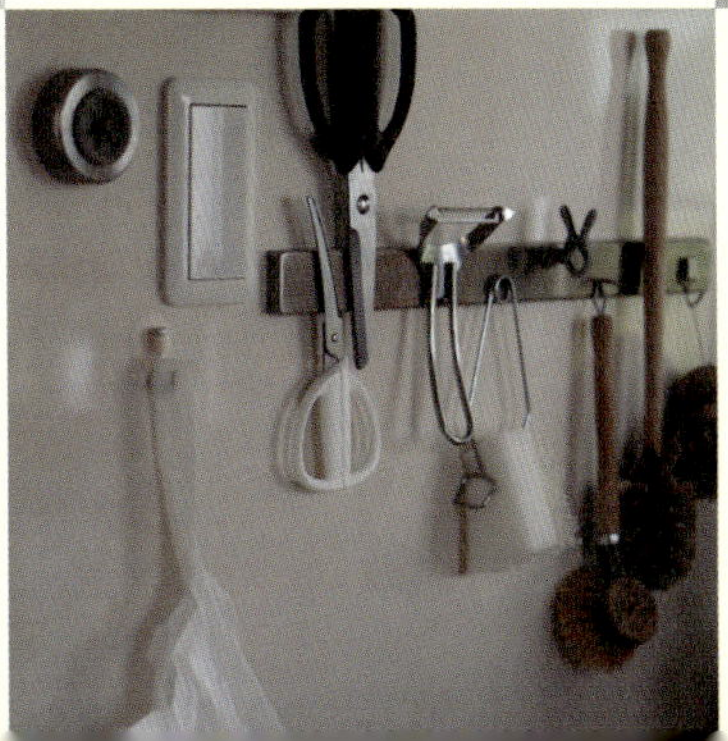

05

holonさん
holon

家具も「使い回し」を意識して選ぶ。シンプルな暮らし。

アルテックの家具は、ほとんどがネジで組み立てられており、解体が簡単にできるので、長期間使わないときは、ばらばらにしてからコンパクトに収納できるのも魅力。でもやったことはありませんが（笑）。

とにかくラクしたい！　という思いで工夫と改善を重ねているholonさん流シンプル家事。

「シンプル＋スッキリ＝ラクチンなくらし」
http://holonno.com/
Instagram「@holon_」

モノが本当に少なく、スッキリとした空間にお住まいのｈｏｌｏｎさん。モノはできるだけ少なく、代用できるものは代用するように心がけているそうです。家具までも「使い回し」を意識しています。

「大きすぎないシンプルな家具を、現在の環境や生活に合わせて移動させたり、別の用途で使い回したりすることが好きです。家具はひとつひとつが大きく、単価も高いので、いかに便利に使い回すか、どの部屋でも使えるサイズか……自分なりによく考えて選ぶことが多いです」

このダイニングテーブルは、半円テーブルと長方形テーブルをつなげたもの。長方形のほうはパソコンデスクとして別室で使用していたそうです。

「このアルテックのテーブルは、別々に使ったり、つなげて大きく使ったりできるように、特にサイズに注意して買いそろえました。各部屋で使われていたイスも同じメーカーのもの。少しずつのデザインの違いや作られた年代は違えど、インテリアの調和が取りやすいですね」

▼台所

余白を意識してスッキリと

キッチン背面は、リビングから見えてもなるべくすっきりと見えるようにしています。

キッチンであまり使わない常温保存のものや季節のものは、納戸に移動。「余白」を意識して風通しよく。

オーク材のユニットシェルフは、無印良品のものです。棚の高さを置くものによって自由に変えてアレンジできたり、どこの部屋でも万能に使える家具や収納用品は、すごく便利で、想像力をかき立てられます。

去年の抱負は、「なるべくモノは買わずに過ごしたい」でした。今年も、買わない習慣は継続させて、暮らしに必要なものは、じっくり吟味して選び、一番気に入ったものを選んでいきたいです。そして不要になったものは早めに手放して、スッキリシンプルな暮らしを心掛けたいと思っています。

季節ものや常温保存のものは納戸へ。余白のある収納でスッキリ。

PROFILE DATA

▼お名前
holonさん

▼お住まい
東京都

▼年代
30代

▼ご家族構成
夫、長女(6歳)、長男(1歳)

▼住まい
マンション

▼お仕事
会社員

▼趣味、特技
趣味は生活改善です

▼好きな家事
お掃除

▼苦手な家事
お料理

▼挑戦したいこと
手作りのある暮らし

▼時間があったらやりたい家事
自家製みそ作り

▼今の暮らし関連の悩み
小さな悩みは色々とありますが、少しずつ改善していけたらな……と思っています

▼暮らし関連の夢
将来は、好きなものだけに囲まれた最低限の暮らしをしたいです!

台所

時期を決めて食器類の見直しをする

食器類の見直しをしました。

1年以内に使ったか、自分の記憶にあるものを残すのをルールにしてみました。

・カップ&ソーサー6客→4客に（一度に6客使うことはなかったので、2客は納戸へ）。

・大きいどんぶり2個→直径の小さいものに買い替え予定。

・小ぶりのボウル→使いきれてなかったので、半分に。

限られた収納スペースに対して、数を減らしたりダウンサイジングすれば、取り出しやすく、快適になりますね。

また、数が少ないと「シンクにためずに、使用後はすぐ洗う！」という習慣も作りやすいかな……と。時期を決めて食器の集合写真を記録しておけば、所有数や種類の変化がわかりやすく、全体量を確認できます。

食器の集合写真を記録しました。

台所

フライパンの油汚れは重曹で

先日ツイッターで、換気扇フィルター掃除の方法を見て目からウロコでした。フィルターを一切ぬらさず、重曹をたっぷりかけて3時間放置し、ブラシでこするだけでぽろぽろと油汚れが落ちる、というものです。この方法を毎日のフライパン洗いに応用してみました。

フライパンを使ったら、重曹を適量まぶしておくと、食事を終えた頃には、重曹がフライパンの油汚れを吸い取ってくれています。あとはキッチンペーパーで重曹を拭き取ってゴミ箱へ。そして、食器と一緒に洗剤洗いしちゃいます。ここで重要なポイントは、使用後のフライパンをぬらさないことです。

重曹は便利ですね。油汚れにもどんどん使っていきたいです。

ただし私の場合、テフロン加工の一般的なフライパンを使用しました。鉄のフライパンなどはお手入れの方法が異なってくると思いますので、くれぐれもご注意願います。

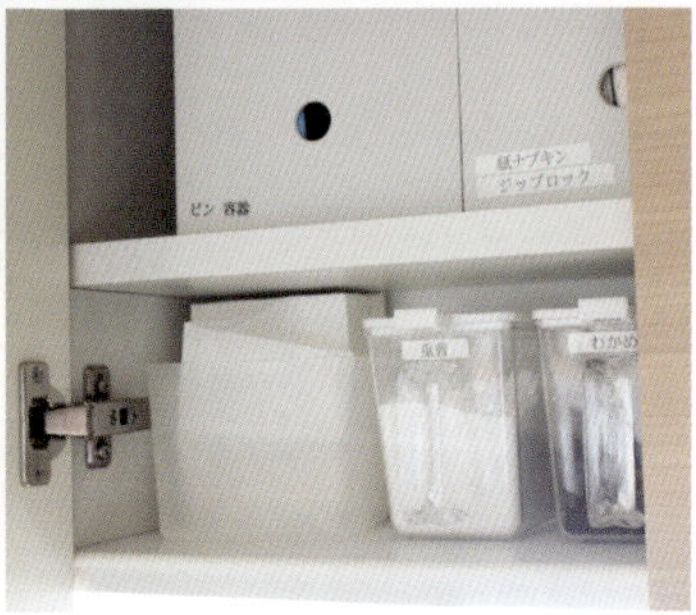

上・左下／フライパンの油汚れには重曹をまぶして放置しておくだけです。　右下／重曹は、シンク上の吊戸棚に。調味料の隣に置いています。

▼小さな工夫

ポケットティッシュをキッチンで使う

少し前にポケットティッシュをたくさんもらったことがあって（福引の残念賞）、外出用にストックしていましたが、この調子だといつまでも使いきれないので、陶器の入れ物にいれてキッチンへ置きました。

調理後の鍋の汚れを拭ったり、食べ終わったお皿の汚れを拭き取ったり、床やキッチントップのちょっとした汚れを拭いたり、アルコールをスプレーして冷蔵庫まわりの拭き掃除に……。袋から出して立てて置いておくだけで使いやすいので、サッと取って気軽に使っています。私の母も、この方法で上手く消費していたのを真似してみました。

街頭で配られているポケットティッシュ特有の、少し硬めで柔らかすぎない感じが逆に使いやすく、無駄なストックも減って、気分もすっきり。

便利なものでも大事にしまいこんでいると、使うことも忘れてしまい、結局処分してしまうかもしれないので、見える位置に置き意識して使い切ることを考えるのも大切と感じました。

ポケットティッシュは袋から出しておき、気軽に使います。

▼掃除、片付け

大安に玄関掃除をする

毎月5回くらいある大安の日は、玄関をきれいにする日です。いつもは簡単に済ませてしまいますが、大安の日は少し丁寧に。この日にはそうする、と決めておくと、自然に身体が動くようになります。

使い終わったほうきやちりとりも、ささっと拭いておけば、次に使うときもとっても気分がよいです！ 以前は盛り塩をしていましたが、元気に徘徊する赤ちゃんがいるので、盛り塩はしばらくお休みします。

大安の日には玄関掃除を念入りにすると決めています。

▼台所

米びつは持たず冷蔵庫に

お米は大きいスライダー式のビニール袋に入れて、冷蔵庫最下部の野菜室で保存しています。重いものは低い位置に。これ、収納の基本ですよね（以前はなぜか、冷蔵庫の最上段に置いていてとても不便でした！）。

袋は開閉のしやすい、スライダータイプのビニール袋28㎝×27㎝を使用しています。ロウカット玄米（表面の蝋層を取り除いた玄米）も同じ袋に。計量のときは、米袋自体は取り出さずに、野菜室のドアを引き出して、直接ジップロックの中で1合ずつ測って取り出しています。計量カップも袋ごとに入れておくと楽です。

現状はこんな感じに落ち着いていますが、常に自分が管理しやすい方法を模索しています。今の方法に不満ができたら、その都度改善すればいいし、結局自分が使いやすければ、そんなにきちんと収納しなくてもいいんじゃあないのかい？ というおおらかな気持ちでやってます。日々生活改善ですね。

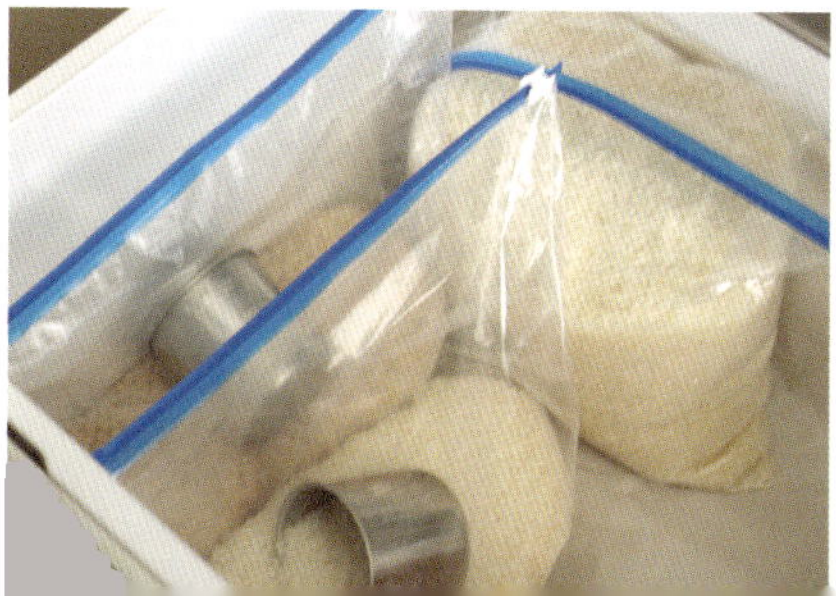

お米は野菜室に。カップも入れっぱなしのほうが便利。

Cy Twomblyのポスターが印象的なリビング・ダイニングスペース。右奥に見えるのが、松岡製作所でオーダーしたというオールステンレスのキッチン。

06

kayoさん

kayo

無印良品の大きな丸いダイニングテーブルが家の中心。

白いタイル張りのキッチンで料理しながら今宵も立ち呑みを楽しむkayoさん。

「kayo blog」
http://www.mkhr08.com/
Instagram「@mkhr08」

福岡にお住まいのkayoさん。大きな丸いダイニングテーブルは、無印良品でオーダーしたもので、食事はもちろん、雑誌を読むのも、パソコンで調べ物するのも、小学生の娘さんがお絵かきするのも全部ここでしているそうです。20畳ほどの広さのリビング・ダイニングスペースを見渡してみると、モノが本当に少なくて、とてもスッキリしています。目につく大きな家具といえば、このダイニングテーブルと食器棚として使っているという北欧アンティークのキャビネットくらい。

「自宅を新築する際に、主人と『これからの家での過ごし方』について話し合っていたとき、『テレビの前にソファとリビングテーブルがあって、家族みんながそこでくつろぐというスタイルは、うちには合ってないよね』と言われて、ハッとしました。私のなかで勝手にイメージしていた、テレビを中心とした家族団欒というのは、確かにもうなくなっていると気付かされて。それぞれが雑誌を読んでいたり、スマートフォンを眺めていたりで、テレビを見ながらみんなで談笑するっていうのはもうしばらくしていないなと。これからも恐らくこんな感じで、それぞれがやりたいことを自由に選択しながら過ごしていくのだろうなと思いました。

だから我が家はソファもリビングテーブルもなし。その結果、この20畳という限られたスペースを最大限広く感じることができたこと、家具を購入する予算をほかに回せたこと、娘が走り回れるくらいのスペースができたこと、我が家にとっては一石三鳥ぐらいの選択だったと思っています。そして、それぞれが自由に過ごすといっても、家族が集う場所は絶対に必要だから、それがこの円形のダイニングテーブル。3人で座れば、120度ずつのちょうどいい距離感。これが自然と家族が集まる装置として機能していて、ここが我が家の中心であり、家族の中心となっています」

▼台所

今宵もキッチンで立ち飲み

あなたの一番好きな音は？　と問われれば、「缶ビールを開けたときの『プシュ』の音です」と答えを用意しているくらいの私です。平日の楽しみといえばこのときくらい。

帰りの自転車に乗りながら夕飯メニューを考えて、家に着いたら、この音から始まるいつものルーティーン。ビール片手にスマートフォンでレシピを確認。いつものプレイリストを再生して、テンションを上げつつ、娘に今日の宿題をやるように促す。

「家事」と呼ばれるものはだいたい苦手だけど、料理だけは比較的得意な方。ああして、こうしてと頭の中で作業手順をシミュレートして、料理スタート。料理と片付けを同時並行でこなして、料理ができ上がると同時にキッチンも綺麗に片付いているという。これがピタリとハマったときの「できる主婦感」。これが好き。熱々のできたてを味見できるのも作る人の特権。そしてビールをまた一口。今日も一日お疲れ様でした。

毎日いろいろなことがあって、もちろん気分が落ち込んでいるときもあるけれど、この缶ビールの「プシュ」音を聞けば、なんとかなる。いつも気持ちをよみがえらせてくれる。よし、明日も頑張ろうってなる。少し大袈裟だけどいつもこんな調子。

PROFILE DATA

▼お名前
kayoさん

▼お住まい
福岡県

▼年代
30代

▼ご家族構成
夫と娘ところり（犬）

▼住まい
戸建て

▼趣味、特技
写真

▼好きな家事
料理

▼苦手な家事
掃除全般

▼挑戦したいこと
MT車の運転

▼時間があったらやりたい家事
庭の草むしり

▼今の暮らし関連の悩み
真っ白い壁がだんだん汚れてきた

▼暮らし関連の夢
マイホームができたので、夢は叶えてもらいました

家族

ころりのいる風景

昨年の9月に我が家にやってきたフレンチブルドッグのころり。その存在感は想像以上で、我が家はもう彼を中心に回っているようなもの。私たちへの要求は主に3つ。朝夕の軽めの散歩、大好きな食後のおやつ「ラムボーン」を用意すること、週末にドッグランへ連れていくこと。これさえ忘れなければ、彼は上機嫌で笑顔を振りまいて、気が付けばすやすやと眠っている。

正確にいえば、すやすやとではなくブヒブヒと眠っている。このブヒブヒが、私にとって今一番のヒーリング音楽となっていて、隣で聞いていたはずが、いつの間にか一緒に寝てしまっていることがよくある。1／fのゆらぎが、このブヒブヒにはある。

そして、ころりは私にとって孫のようなものだと、両親が私の娘に接する姿を見ているといつもそうだと感じる。ごはんを必要以上に食べさせたくなるのも、無性におもちゃを買ってあげたくなるのも、寝顔を見ているだけで癒やされるのも、全て孫のせいなんだと思っている。犬バカになるのは仕方がない。犬＝孫だなんて、思いもしなかった。

家族

女子力高め、おませな娘。

ゴールデンウィークを一番満喫したのは娘かもしれない。ママのサングラスはかけたいし、ママと同じバッグは持ちたいし、ママがよく着るボーダーのシャツはやっぱり着たい。おませな6歳女子。そして娘なりのこだわりもあるみたい。パンツは、スエット生地のワイドパンツ。動きやすく、脱ぎやすい。機能性も重視する隙のなさ。将来、どんな娘になるんでしょうか。

台所

緑、緑、緑

我が家では珍しく緑が多めの食卓。今日は主人が出張で不在なので、文句はあるまい。好き嫌いの激しい我が家の主。「草食動物じゃないんだから」といつも子どもみたいな言い訳で、生野菜を食べない人。そんな主人を見て育ったからか、娘は好き嫌いなく何でも食べる。きゅうりやブロッコリーを得意気になって食べる娘を見ていると、反面教師って大事なんだなあと思う。そういう意味では主人に感謝しないとね。一応。

家族

偏頭痛の季節

1年生VS仕事でヘトヘトの母。18時の鐘の音と共にゴングが鳴る。脳内BGMはロッキーのテーマ。

宿題の間違いに×をすると怒り出し、教えると逆ギレ。この繰り返し。

小1の宿題は基本の基本しか出てこないので、教えるのが難しい。一応、間違っていても褒めるようにしているけれど……。娘よ……数字は裏切らない……算数の答えはひとつしかないのだよ。学校で頑張っているから、家だと甘えちゃうのかもしれないね。

台所

休日の朝、フワフワのフレンチトースト

たまに作りたくなるフレンチトースト。厚めの食パン3枚に対して卵は4個。牛乳と砂糖を目分量で加えて、塩とバニラエッセンスを少々。前日から漬け込んで一晩待つ。少し遅く起きた休日の朝に、鉄のフライパンで少し焦げ目がつくまで焼く。よつ葉乳業のバターとメープルシロップをたっぷりかけていただきます。少し濃い目のコーヒーがあればなおよし。これはもう最上級に近い幸せ。

家族

立派な姉弟関係

私にとっては孫みたいな存在だけど、娘にとっては弟のような存在のよう。何でもしてあげたい姉と自由奔放な弟のパターン。娘がお姉さんぶっていろいろとお世話をするけれど、ころりはいつも素知らぬ顔。犬は家族に順位づけをするっていうけど、私が見る限り、娘は一番下。お互いの想いが行き違う凸凹コンビなのです。

そして最近、娘のことを怒ると「ころりばっかり、かわいがってー!!」の返しが定番化。

ああ、こんな姉弟どこかで見たことある。

台所

本日、運動会

昨夜からの雨で中止だろうと勝手に思ってゆっくり寝ていたら……「プログラムを変更して11時から始めます」の学校からのメールで飛び起きましたとさ。お弁当作って→場所取りして→持っていくものを準備して。始まる前から疲労困憊。これも毎年恒例。野田琺瑯はお弁当を入れるのにも便利です。普段はグラタンを焼いたり、保存容器に使ったりと重宝しています。

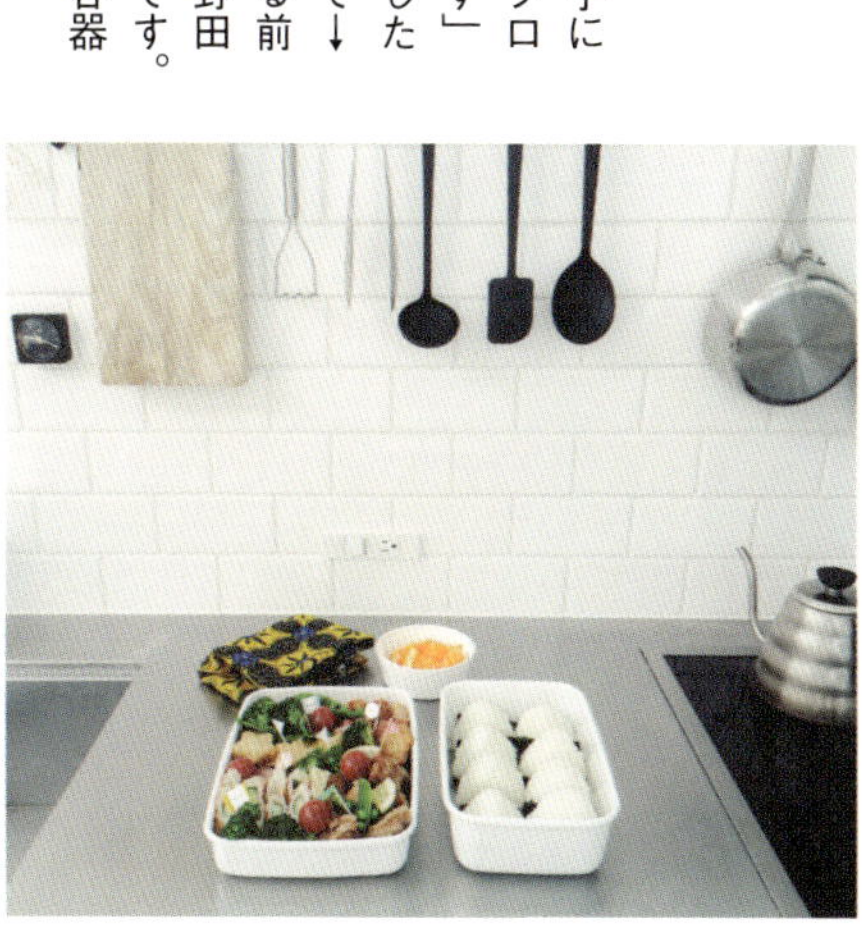

07

ayakoさん

ayako

小さな子どもがいても きれいな部屋を 保つための 仕組み作り。

モノが常に動いてよどみがない棚に。台所周りのものは素敵なものが多いから、ついディスプレイ化しがちですが、うっすらとホコリをかぶってしまったものはいらないものとして処分します。

以前は共働きだったayakoさん。短時間で家事を済ませるための仕組みと考え方が素敵です。

「暮らしの中の仕組み作り」
http://shikumimemo.net/
Instagram「@at.mame.guri」

台所の収納は毎日見直す、というayakoさんは1歳児の育児中です。

「子どもが中身を引っ張り出してくれるので、毎日どこかしらの収納を見直せています。ものを引っ張り出してるときは真剣で、こちらも用事が済ませられるので助かるんです（笑）」

台所の収納は、食器棚と冷蔵庫を除けばここだけだそうです。

「台所周りのものは増えがちだけど、使用頻度が低く処分しようか悩むものはここに収まるだけにしています。1年前に処分を迷ったものも、1年経って使わなかったら手放します。子どもが生まれてこの1年は生活が変わって、意外なものがやっぱり使えたり、逆にもう要らないとなったり。全部見直して、あるものも把握して、収め直したらすっきりしました」

最近は冷蔵庫にも空きがあるので、ここのものはもう少し減らせそうだけど、子どもの楽しみも取っておいてあげることにしているそうです。

シンクについてしまった水垢は、洗剤をなじませてから、いらないプラスチックのカードで削り取ると、簡単にきれいになります。

▼台所

献立のヒントは冷蔵庫に貼ります

子育て中、やはり一番の難関は健康的なごはんです。

それで、余裕のないときでもそれなりの献立をたてられるように、冷蔵庫に献立のヒントを貼っています。

右側の上の段から、メイン（主にタンパク質）、汁物（できるだけ具だくさん）、常備菜の小鉢（鉄やカルシウムなど＋αの栄養が摂れるもの）、緑黄色野菜、トッピング……と、分類したメニューを書いておいて、上から1品ずつ選べばそれなりになるようにしてあります。簡単に作れるメニューや、冷凍ストック、常備菜メニューなので、短時間で用意できます。左側には、その日の献立、食べ忘れると困るものと冷凍ストックの在庫が書いてあります。

また、毎朝、3食の献立を決めて冷蔵庫に貼っておきます。授乳やお世話に追われて、気付いたら「ごはんどうしよう」となるのが苦手なわたしも、1日の献立が決まっていると、気持ちに余裕が出ます。

上／冷蔵庫には何も貼らない主義でしたが、意外と便利。　左上／冷蔵庫内のものには定位置を決めています。夫はわかりにくいとすぐに荒れるので、夫が触るものはここ、と決めています。　左中下／野菜室も、ポリプロピレンのボックスで仕切ります。仕切りの分、入る量は減るけれど、ごちゃごちゃしないことと、掃除のしやすさを優先しています。

PROFILE DATA

▼お名前
ayakoさん

▼年代
30代

▼ご家族構成
夫、息子（1歳）

▼住まい
戸建て

▼趣味、特技
庭いじり、ものづくり

▼好きな家事
収納を考えること、片付け

▼苦手な家事
料理

▼挑戦したいこと
家族で野菜作り

▼時間があったらやりたい家事
高いところの窓掃除

▼今の暮らし関連の悩み
献立の幅を広げたい

▼暮らし関連の夢
家族で庭にいろいろ手を加えたいです！

台所

冷凍ご飯、常備菜。そろえて、仕切って効率よく

冷凍庫の小さな引き出しは、冷凍ご飯を入れています。冷凍ご飯は大きさをそろえて四角く作ると、スペースも無駄なく入るし、ぎゅうぎゅうに入れることで冷凍の効率も良くなります。

今は簡単に栄養が摂れるように、具だくさんの混ぜご飯が多めです。お米の量は病院の産婦食にならって、200gを目指しているので、大きさがそろっていると量の管理もしやすいです。

そして冷凍庫内の浅いトレーは、今は常備菜置き場です。在庫を一覧できるので、把握しやすく取り出しやすいです。右から、切り干し大根・ヒジキ煮・筑前煮・豆腐と鶏のロールキャベツ・シャケフレーク。

本当は常備菜は苦手で、その都度作って食べたいんですが、子育て中で時間が取れないので止むを得ず。日持ちを気にしたり管理するのが苦手の原因なので、即冷凍すれば大丈夫。

上・中／大きさをそろえて四角く作ると、スペースも無駄なく入り、冷凍効率もアップします。　左下／無印良品のポリプロピレンのケースで型を取っています。　右下／冷凍庫の一番下も、無印良品のポリプロピレンボックスで仕切ります。手前の2つは2階建て。定位置を決めれば、減っているものがひと目で分かります。ちなみに、右隅は食洗機のタブレット、右手前は海苔。冷凍庫だとしけりません。左手前は、野菜くずがゴミの日まで待機するところ。

家じかん

2分でできることはすぐやる

仕事でよくいわれることだけど、家仕事も同じ。

2分といわなくても、短時間でできることはたくさんあって、まとめてやったほうが効率がいいとか、よーく考えてからやろうとか、そんなこと考えるより、さくさく片付けてしまったほうが逆に効率がよかったりします。

後回しにした分、頭の中のメモリを食って作業スピードが落ちるのはもったいない。

休み前には特に、やることをやって、頭も家もすっきりした状態で、思いっきり休みたいと思っています。

短時間でできることはたくさん。考えてからやるよりも効率がいいです。

家じかん

制約で楽をする

子どもがちょっと離れるだけでえーんと泣くようになったので、台所仕事がしづらくなりました。

それで、夜明け前に1日分のご飯を炊いて、おかずや汁物も作ってしまうようになりました。日中は離乳食と、大人のごはんは夕飯の主菜を作るくらい。

日中、台所仕事がしづらいのは制約だけど、おかげで朝から炊きたてご飯が食べられます。それに日中ほとんど台所を使わないので、朝片付けたら台所は1日きれい。昼間は子どもと遊んでいられて、いいことばかりでした。

夜明け前に1日分のご飯を炊き、おかずや汁物も作ってしまいます。

掃除、片付け

カゴの丸洗い

予定のない日に晴れたのが久しぶりで、朝から何を洗おうかとうろうろ。

とりあえず、洗えそうなカゴを洗いました。お風呂にお湯をためてザブザブ動かして、シャワーで流しています。

漬けてしまうと水を吸って変形したり傷んだりするのでさっとやるのがオススメです。終わったらしっかり水をきって、形を整えて外で一気に乾かして（直射日光に長時間は避けたほうがいいと思います）、取り込んでからもしばらく扇風機で風を当てています。

形崩れに気をつけるのと、湿気を残さないこと、万が一があっても諦めれるものに限ったほうがいいと思いますが、洗うとすっきりします。

カゴを洗ってスッキリ。

08

misaさん

misa

ずっと続く家事だから頑張り過ぎず、手を抜き過ぎず。

約10分頑張ればピカピカになります

北欧テイストでまとめられ、
すっきりと整った部屋が印象的なmisaさん。
本音は、掃除はあまり得意ではないそうです。

Instagram「@ruutu73」

シンク全体を拭き上げるときは、「テックスクロス」。拭くだけでピッカピカになります。使用後は酸素系漂白剤につけ置き除菌してから乾かしています。

家事は面倒、本当は一日中ダラダラしていたい。とはいえ、家事はずっと続くものだから、頑張りすぎずぼちぼちやっていけたらいいなと思います。手を抜きすぎると倍大変になるので、そのあたりの加減が重要で難しいですね。

今日は夕飯作りの前にシンクと水栓をきれいにしました。所要時間、測ってみたら約10分でした。

止水蓋でお湯をためる→水栓周りにクエン酸を振りかける→スポンジや歯ブラシで汚れを擦り取る→水を抜いて全体を洗い流す→テックスクロスで拭き上げ。という流れ。

夜の片付け後にもシンクはさっと洗っていますが、昼間の明かりでよく見ると汚れていたりする。どうせすぐ汚れる場所なのですが、目に見えてピカピカになるのでやり甲斐のある10分です。

▼家族
「待つ」ことは難しい

今日は行きも帰りもなかなか強い雨でした。子どもを2人連れて雨の中を行ったり来たりするのは、ものすごく神経を使う。

「早くして」。ついつい口から出そうになるこのワード……。でも人から言われるのはすごく嫌な言葉。せっかちな私は、毎日できるだけこの「早くして」を飲み込んで、ほかの言葉に変えるように努力しています。

でも今日、ずぶぬれになってマンションの下まで帰ってきたところで、長男が園リュックを開けてガサゴソしだした……。そしてつい私の口から出た「もぉ、早くして!」。ため息まじりに迷惑そうな声だったはず。

見ると長男、手にタオルを持って、「べちゃべちゃやから……」と弟のぬれた雨ガッパを拭いてあげていました……。弟は嬉しそうに拭かれていました……。それをみて、猛反省。

一体私はいつも何にせかせか追われているのだろう、とふと思うときがあります。

「待つ」こと。私にとっては非常に大きな課題。

▼家族
いつか子どもたちが自立する日に

親になってから、今まで知らなかったいろいろな自分と次々ご対面してます。初めてこんな声出したわっ！ってほど甘い声やドスのきいた声を発していたり……。

理想の母親像とはあまりにかけ離れた自分が顔を出して、チーン……となる日もあるけど、これからも失敗と反省を繰り返しながら自分も少しずつ成長したいです。

まだ小さな子どもたちもやがて自立し、親である私たちを一人の人間としていろんな意味でジャッジするときがくるんですよね。

そのときにがっかりさせせないような声掛けや態度を心掛けていきたいです。頭ではわかっていても、ついきつく言い過ぎたり親目線で勝手な要求をしてしまったり……ということも多々あるので、そんなときには「ごめんなさい」と素直に謝るようにしています。そんな未熟な母に子どもたちは意外にも寛容に対応してくれて、子どもってすごいなぁと感じることも。

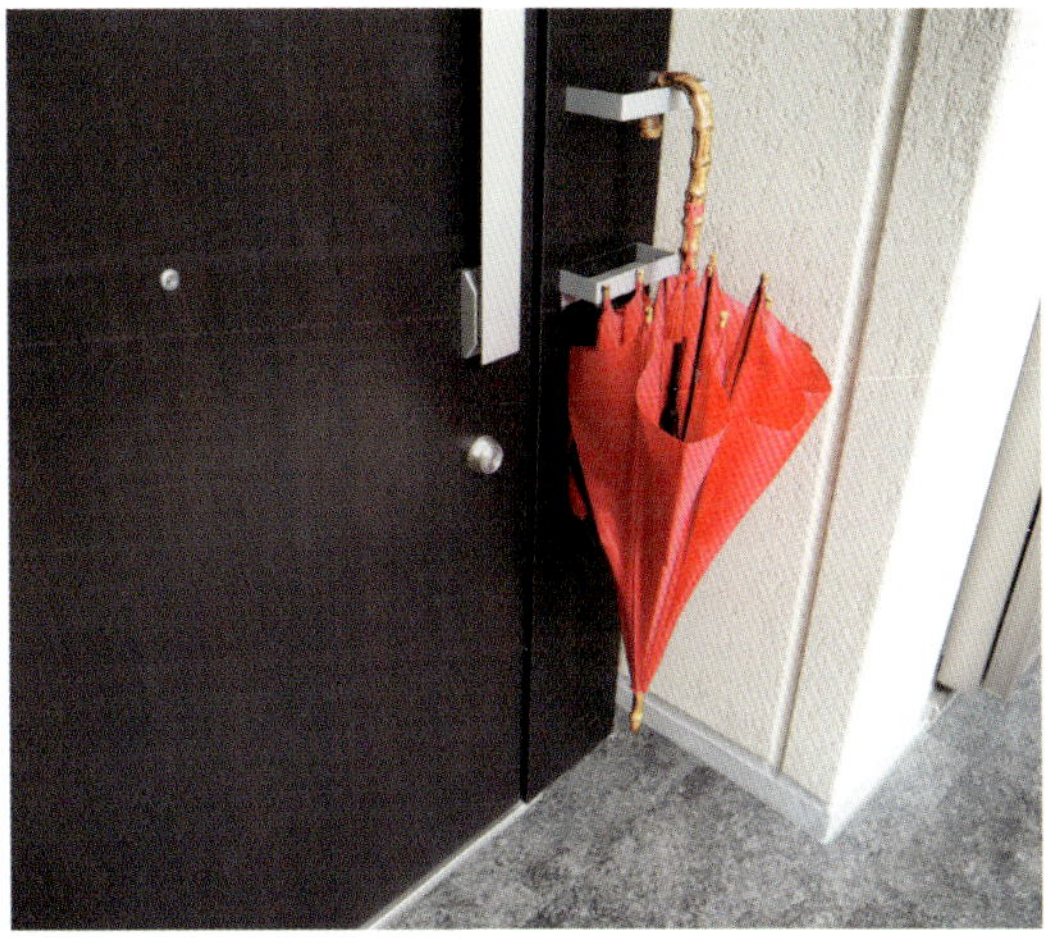

一体私はいつも、何に追われているのだろう、と思うときがあります。

子どもと一緒に自分も成長したいです。

PROFILE DATA

▼お名前
misaさん

▼お住まい
大阪府

▼年代
30代

▼ご家族構成
私、夫、長男(5歳)、次男(3歳)

▼お仕事
専業主婦

▼趣味、特技
写真・読書

▼好きな家事
掃除ついでの配置変え

▼苦手な家事
献立決め

▼挑戦したいこと
ヨガ&体を鍛える

▼時間があったらやりたい家事
痩せるごはんの作りおき

▼今の暮らし関連の悩み
来年の小学校に向けての子どもスペース

▼暮らし関連の夢
モノを増やさず快適さを持続する

▼花

花にすごく癒やされます

近所のスーパーに白いチューリップが売っていたのでつい買ってしまいました。独身の頃はそれほどお花に興味なかったのに今はすごく癒やされます。歳かな（笑）。

独身の頃はそれほどお花に興味がなかったのですが（笑）。

▼家族

家族のことは〝記念日ノート〟に記録

次男はとにかくひょうきんで、ノリよく明るく、食いしん坊。マンガのように豊かな表情、見ていてとても楽しい。

ケーキやプレゼントのたびに素晴らしいリアクションをいただきました。私たちも嬉しさ倍増です。

今の息子の、いいなぁ、素敵だなぁと思うところを、思いつくだけ記念日ノートに箇条書きしておこうと思います。

3歳も元気いっぱいに過ごせますように。

3歳の誕生日を祝いました。

▼掃除、片付け

靴のお手入れをしました

今日は朝から靴のお手入れをしました。専用のリムーバーで汚れを丁寧に落とし、クリームで磨くときれいになります。靴箱の棚を拭いた後は、扉を開けてしばらく換気。

さっぱりした棚にお気に入りの靴を戻してスッキリです。デザインも履き心地もいいなぁと思える靴を大切にお手入れしながら履いていきたいです。

レペットは長く履いているけれど、去年初めて自分の足に合うフットカバーに出会えました！　シリコンゴムでピタッと密着、脱げない。浅型はバレエシューズを履いてもフットカバーが見えません。

靴のお手入れをしました。

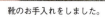

▼掃除、片付け

クエン酸で念入りに浴室掃除

浴室のお掃除は入浴中にちょこっとついでにすることが多く、念入り掃除の時間を取ることがほとんどない我が家。でもよーく見るとあちこち気になるところだらけ。今日は浴室扉のパッキン部分や端、入浴中には見えにくい部分まできれいにしました。クエン酸水だけでピカピカになりました。

クエン酸の割合はいつも適当なんですが、水200ミリリットルに対して大さじ1くらいでしょうか。ぬらした部分にクエン酸粉末をパラパラふりかけて歯ブラシでやさしくこするだけでもきれいになります。

クエン酸でキレイにしました。

▼献立作り

出掛けた日の夕飯はラクチンおでん

朝から1人でお出かけ。好きな雑貨や器のお店を自分のペースで見て回り、最後に美味しいスイーツを買って帰宅するのが今の自分にとってとても贅沢な時間です。

楽しくてもお出かけの後の体は疲れているもので、そんな日はストウブで楽チン煮込み料理が多いです。今日はおでんにしました。

味が染み込むまでコトコト……。からしと柚子胡椒でおいしくいただきます。

出掛けた日の夕飯作りほど面倒なものはないので、おでんを仕込んでいきました。

▼台所

我が家のダイニングテーブル

我が家のテーブルは、「アルテックテーブル82Bホワイト」。ラミネート×バーチ材を選びました。

現行品には、天板がラミネート（白）、バーチ（木目）、リノリウム（黒）と3種類あり、それぞれの素材に特性があります。その中で一番お手入れしやすいのがラミネート。劣化が目立ちにくい、水や傷に強いこと、熱にもそれなりの耐性があること、それが白にした決め手です。毎食の前後にアルコール除菌の「パストリーゼ」をスプレーし、ふきんで拭いています。

鉛筆汚れは水を含ませたメラミンスポンジで軽く擦って落とします。白い天板は汚れに気付きやすく、食事の汚れなら水拭きで簡単に落とせる素材でもあるので、清潔に保ちやすいというメリットを感じています。

汚れが目立ちやすいので清潔に保ちやすいです。

▼家族

旅先での最高の笑顔を撮るのが好き

両親と妹家族と計9人で北海道へ夏旅行に行きました。

旅先のよい思い出、笑ったこと、大変だったことも含めてみんなで振り返る時間がまた楽しい。

その場所のにぎやかな声が聞こえてきそうな自然なショットを撮るのが好きです。

09
りこさん
riko

アジアの南の島で毎日をていねいに暮らすこと。

主婦兼デザイナーのりこさん。暮らしも仕事も趣味も、「シンプルなことを丁寧にこなす」ことを心がけているそうです。

➡「くらす。」
http://kotomonojikan.jugem.jp/

スーパーで買った食品用のジッパーバッグ。てっきりいつものMサイズのつもりで買ってきたのに、開けてびっくり、なんとスナック用でした。そのサイズ、16・8cm×8・2cm。なんてこった、2パックも買ってしまったじゃないか。確認を怠ると、こういうことになるのです。

キッチンではあまり出番がないこのサイズ。かといって、スナックをお出かけに持って歩く食いしん坊な習慣もないので、整理整頓お片付け用に使うことにしました。

まずはごちゃごちゃしがちな、洋裁や手芸のこまごました材料を。探すのも管理するのも楽ちんです。収納スペースもこれまでの半分以下になって、あーすっきり。

なんだかすっかり楽しくて、なんでもかんでもジッパー収納したい衝動に駆られています。

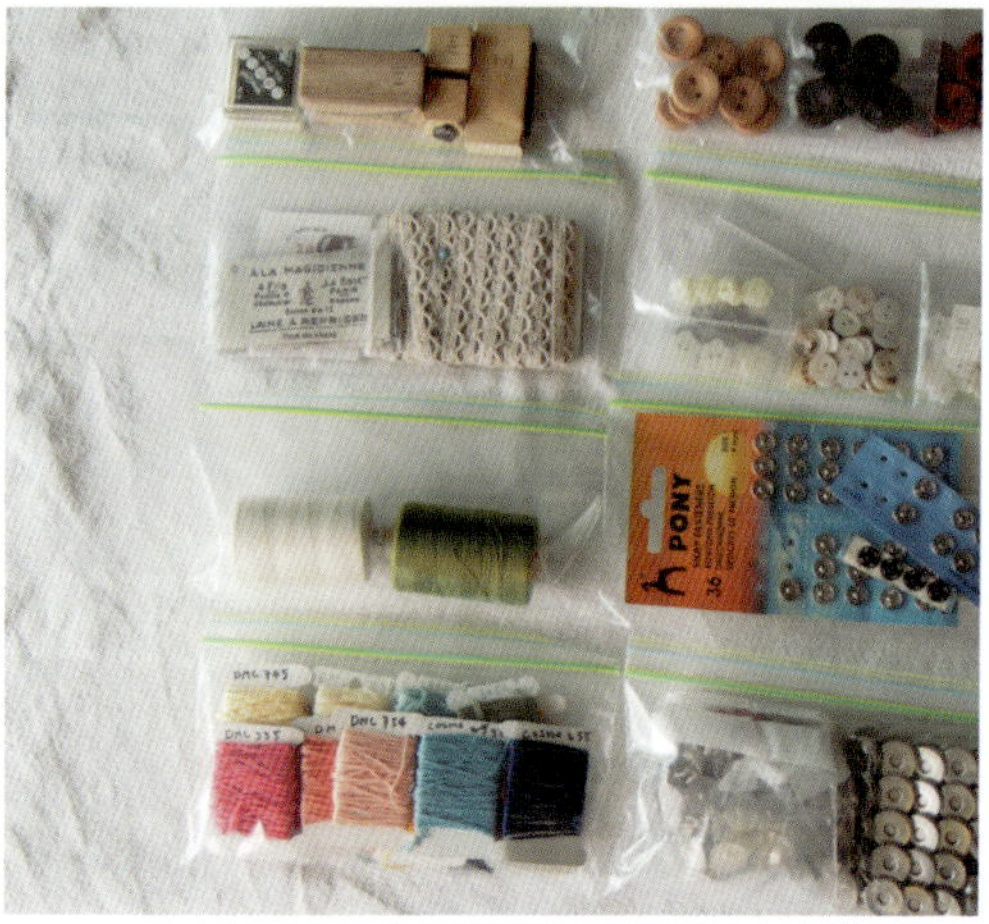

ジッパー部分がしっかりしてるので、ふにゃふにゃしなくてよい感じ。横幅が、いただき物のお菓子の箱にぴったりでした。

▼家じかん
フランスマダムの ミニマルな暮らし。

『母の身終い』というフランス映画を観ました。原題「Quelques heures de printemps」、2012年の映画です。病により、余命残り少ない母とその息子のお話。自分の最期は自分で決めるという、つまり「尊厳」がテーマ。

そんな凛とした思いで最期を意識しているからなのか、マダムの家の中はとてもこざっぱりと整っていて、お掃除もきちんとされていて、着ているものも、生活雑貨もこざっぱり。極端になんにもないわけでもなく、適度なミニマル暮らしをしてたのが印象に残りました。

登場人物も会話も少ない、淡々とした静かな静かな映画です。なのにひとつひとつのシーンが長くて重厚で、まるでこれは本当の事で、実はドキュメンタリーなんじゃないかと思うほど。マダムの最期のシーンは、最期だというのにどこでも息子共々淡々としていて、それがかえって深い涙を誘い、忘れられない余韻が残るフランス映画でした。

あと、フランスマダムはいくつになってもシニヨンヘアが似合うなぁ、と、つくづく思ったのでした。上品で、うらやましい。

▼ものづくり
持たない暮らし 計画「使い切る。」

編み物に凝っていた時期に目的もなく買って、手付かずのままだったキナリ色の、オーガニックのコットン糸。もう5年以上も、キャビネットの上の上の奥のほうにひっそりと眠っていました。持たない暮らし計画では、こういうモノはそりの処分の対象。でも、やっぱりもったいないので、レッグウォーマーを編んでいます。

簡単にできる二目ゴム編みです。コットンなので、さらさらふんわり。レッグウォーマーは、南の島でもちょっと寒い日なんかの必須アイテム（冷え性気味なのでね）。

でも市販のレッグウォーマーは、常々少し長さが足りないな、と思っていました。手作りなら、カスタマイズは自由自在。自分の好きな長さにできるので、膝の上まであるような長さにします。

編み物は集中すると肩が凝るので、毎日ちょっとずつ。片方を編み終えるのに、1カ月以上はかかった気がします。急ぐものでもないのでそれで十分。日々の隙間時間、暮らしの良い気分転換になっています。

材料を前にして、「さて、これで何を作ろうか」と、いろいろ考えるのも結構楽しくて、手芸の材料に関しては、こうやって少しずつ愉しみながら減らしていけたらな、と思っています。

手芸屋さんに行っては、あれやこれやと欲しくなって、心の赴くままに買ってしまっていたあの頃の産物たち。それらを少しずつ整理しています。

PROFILE DATA

▼お名前
りこさん

▼お住まい
海外

▼年代
40代

▼お仕事
主婦兼デザイナー

▼趣味、特技
洋裁。特にリネンの服を作るのが好きです

▼好きな家事
洗濯。柔軟剤の香りに包まれると幸せを感じます。パンやお菓子作り。オーブンから流れてくる香りにこれまた幸福感です

▼苦手な家事
掃除機かけ。音がうるさくて大嫌い。もっと静かな掃除機があるといいのに

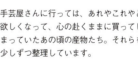

作りおき

これさえあれば、の常備調味料。

常備調味料「香味じょうゆ」を仕込みました。にんにくとしょうがをスライスしておしょうゆに漬け込むだけのシンプルな工程。冷蔵庫で、2、3日置いてから使い始めます。

これは本当に、いろんな物の下味に使えてとっても便利な調味料。唐揚げの下味は、これだけで十分だし（さっぱりした、とってもおいしい唐揚げになる）、あと、チャーハン、マーボー、チンジャオロース、餃子などの中華風のお料理に。

餃子のときは、中のしょうがとにんにくをみじん切りにして使います。それから、ブロッコリーやキャベツなどの野菜の炒め物や、あるものでささっと作る、名もなき料理たちにも。

いつも、この分量のにんにくとしょうがに、200ccのおしょうゆで。しばらく日持ちもする、とっても便利な常備調味料です。

にんにくとしょうがをスライスしてしょうゆに漬け込むだけ。

食のこと

肥満防止に。りんご酢を飲む

デザイン仕事、書き物仕事、洋裁仕事。わたしの仕事は、どれもこれも机の上でする仕事。さらに、自宅が仕事場なので、通勤などで体を動かす機会もほとんどなく、なんとも不健康。

それでも、健康に気を付けなければならないお年頃です。ぼんやりしていて、気が付いたら肥満体……になるのも恐ろしいので、いろいろやってみるわけですよ、口からの摂取物を中心に。外見の肥満は目に見えるので早めになんとかできるけれど、隠れ肥満といわれている内臓脂肪っていうのも気にしなくてはなりません。

近頃、しばらく休んでいたお酢の摂取を再開しました。やはりリンゴ酢が一番飲みやすし。血糖値を抑えたり、内臓脂肪を減らす効果があるというお酢。あと、血圧とかコレステロールとかにも。まぁとにかく、毎日たった大さじ1杯の酢で、中年以降のおじさんおばさんがメタボになるのを予防できるだなんて、素敵。

毎日少しのハチミツを入れてお湯で薄めて飲んでいます。続けよう、続けなくっちゃ。

私にはリンゴ酢が一番飲みやすいです。

ものづくり

大人のTシャツ。夏のリネン服

夏のリネン服を作りました。

袖口にギャザー、パフスリーブのプルオーバーブラウス。そこそこの歳になって、コットンのTシャツで外に出ると、なんだか部屋着感漂う羽目になったりする自分に気付きました。

なので、大人のTシャツ。そんな感覚で粋にさらりと着れるリネン服があったらなと。そんな気持ちで作りました。ミンネにて、これ以外のものも販売中です。

リネンで「大人のTシャツ」です。

▼家じかん

日曜日の片付け仕事。

朝からよいお天気。ビューティフルサンデーです。

なんだか物事に集中できないなぁ、と思ったら、仕事部屋が少し乱雑になっていました。

なので今日は片付け仕事の日にしようと思います。気分転換もかねて。その前に、珈琲を一杯。楽しい日曜日。

何日か前から、どうしたものか……と、モヤモヤしていた案件がひとつ解決。よかった。もうひとつ、住居がらみの困りごともほぼ解決しつつあり（まだ楽観はできない）、あー、よかった（たぶん）。いろいろあります、生きてると。

今日は家で片付け仕事の日にします。

▼作りおき

簡単な常備菜「セミドライトマト」

セミドライトマトを作ったら、オーブンの温度設定を低くし過ぎていたようで、「セミ過ぎる」ドライトマトになってしまいました。ふふふ。

それでも味はよくて、旨みがギュッと凝縮。フレッシュなトマトとはまた別の食感とおいしさです。

まずはそのままオープンサンドにのせて、残りはオリーブオイルに漬けて冷蔵庫で保存中。

パスタとか、サラダとか、チーズと合わせておつまみにしたり。日持ちするので、常備菜として大変便利だし、オーブンに入れておくだけでできるというシンプルさが、なんとも好きです。

「セミ過ぎる」ドライトマトができました。

▼作りおき

エリンギの肉巻き

うちの人気メニュー、エリンギの肉巻き。エリンギの食感がよくて、肉巻き、といえば最近はこればかりです。こちらの国でも日本食ブームのおかげで、スーパーではこんなお肉もあります。「PORK BELLY SHABU-SHABU」そう、豚バラ・しゃぶしゃぶ用。この薄さ、完璧。

肉巻きは普通のスライスより、この薄さのほうが断然おいしい気がします。エリンギは程よい太さに切り分けて、お肉を巻いたら、塩を軽めにこしょうは多めに。それから小麦粉をまぶしてフライパンでふたをしながら焼きます。仕上げは、豚バラから出てきた脂をキッチンペーパーで吸い取って、我が家の常備調味料「香味じょうゆ」を大さじ2弱、酒大さじ1、砂糖小さじ⅓をあらかじめ合わせておいたのを入れて、煮からめて完成。ビールにも、ご飯にもよく合う、簡単お肉料理です。

肉巻きは、しゃぶしゃぶ用のバラ肉で作ると断然おいしい。

▼家じかん

どうせどこにも行けないよ

雨の1日。時にFMラジオの音がかき消されるくらいの大雨になったり、やさしいしとしと雨になったり。

この島の雨は、別に嫌いでもなんでもなくて、むしろ好きなくらい。なんだろう、そう、この雨に閉じ込められる感じ。

どうせどこにも行けないよ、っていう、そういうのが、なんだか好きなんだな。

それに、雨音を楽しみながら飲むコーヒーは、いつもよりおいしい気がします。

今日は、これから新しいランチョンマットを作ります。一時帰国前は、わたしにとって区切りの年末みたいなものなので、いろんなモノをリセットしたくなるのです。

雨音を楽しみながら飲むコーヒーです。

IO

かおるさん

kaoru

ものは少なく、ゆるく片づけて日常を楽しく暮らしたい。

コンロまわりに物がないと料理もしやすく掃除も楽です

ライフオーガナイザー1級を持っているかおるさん。大好きな家を整えるべく、日々ゆるりと模索中。

➡「Aula　くらしスッキリラボ」
http://blog.livedoor.jp/aula_/

8年前、モノだらけだった我が家のキッチン。この時は、毎日使うものは出しっぱなしがいいと思っていたし、お気に入りで集めたキッチングッズを眺めていたいとも思っていました。今、このときのことを思い出すと出しっぱなしが使いやすいと思っていたのは収納する場所が使いにくかったのではないかと思うのです。

当時は使えるものを「捨てる（手放す）」なんて考えたこともありませんでした。ずいぶんと不要なモノを収納していたように思います。そして食事の用意もとても億劫でした。

たくさんモノを減らし、今の家へ引っ越してきました。かつては、モノに溢れたキッチンで、モノをよけながら料理をし、後片付けしてもなんだかまだ散らかっているような感じがしていつもモヤモヤしていた私。

今、調理台、コンロ周りにモノがないので、掃除も楽だし、料理もとてもしやすいです。必要なものだけが残り、全てのものが使われている状態になりました。そして探し物をしない暮らしができるようになった今、気持ちがとても安定し、暮らしやすくなったなと思うのです。

過去のキッチン。
モノだらけでした。

▼台所

用途に合わせた保存容器を選びます

現在、4つのメーカーの保存容器を使っている我が家。ここ何年か、さまざまなものを使ってみて、使う環境や自分との相性がいい保存容器が定まってきました。

①調味料の保存にはoxo（オクソー）の「ポップアップコンテナ」。出番の多い塩や砂糖など5種類はoxoの「ポップアップコンテナ」で保存しています。料理中、片手でポンと蓋の開閉できるというのが一番の理由です。

②冷蔵庫の野菜、常備菜保存には無印良品の密閉保存容器。クリアなので中身がわかりやすいこと、軽いこと、レンジで使える、密閉されるので、野菜の「持ち」がいい（ような気がする）。

③そして、オーブン可、直火可な野田琺瑯。下ごしらえと保存後そのままオーブン料理（直火）ができます。我が家ではカレーやお味噌汁が残ったらこちらに移して、シールふたをして冷蔵庫で保存。そのまま直火で温めるという使い方をよくします（シールふたは直火、オーブン、食洗機不可です）。

④冷凍にはIKEA、耐熱ガラスの保存容器。肉の冷凍に使っています。鶏肉は小さめにカットし、レンジで解凍できるのも便利です。

上／oxoの「ポップアップコンテナ」は、片手で開閉可能。　中／無印良品の密閉保存容器は野菜保存に。　左下／野田琺瑯は料理に使える。　中下／冷凍にはIKEAの容器。　右下／野田琺瑯でマリネにしてから、そのままオーブンへ入れて作った鶏料理で、サラダがボリュームアップ。

PROFILE DATA

▼お名前
かおるさん

▼お住まい
大阪

▼年代
40代

▼ご家族構成
夫、こども2人、犬1匹

▼住まい
戸建て

▼お仕事
グラフィックデザイナー

▼趣味、特技
読書・時短家事

▼好きな家事
掃除機と拭き掃除

▼苦手な家事
お風呂掃除

▼挑戦したいこと
モノ減らしに挑戦したいです

▼時間があったらやりたい家事
窓拭き

▼今の暮らし関連の悩み
壁紙の汚れが気になるのでどうにかしたいです

▼暮らし関連の夢
家族みんながモノの場所を把握し、探し物をしない暮らしとなること

掃除、片付け

雨の翌日は念入りに玄関掃除。

一日中、雨の日曜日。雨の日、我が家の玄関は泥だらけとなります。泥と水とでグッチャグチャ。

みんな出掛けた朝、シャワーホースを伸ばしてきてジェット噴射。端の方からシャーっと水をかけて汚れもホコリもゴシゴシとブラシで洗い流して。

スクイージーで水気を拭って、乾いたタオルで拭き取ります。ついでに長靴に付いた泥も一緒に流したらスッキリぴかぴか。

玄関をきれいにすると運が舞い込むとか？

風水は詳しくないですが、なんとなく玄関がきれい→運気が上がる、と思いながら磨きます。

なんとなく玄関をきれいにすると運気が上がる、と思いながら磨きます。

台所

碗カゴが助けてくれます

キッチンシンクに洗い物をためないという習慣がようやく身についてきました。ついつい飲み過ぎてしまった夜は「洗い物、朝でいいわー」となってましたが、何がなんでもやる！ と今のところ続いてます。使った食器は食器洗浄機に入れる。もしくは少ない量なら洗ってしまう。

けれども洗ったはいいけれど、もう拭く気力がないわ……となっていた夜、食洗機には入れられないもの、入りきらなかったものを手洗いし、まとめて碗カゴへ入れてみました。カゴにまとめることで、なんだか片付けた感も出ますね。

碗カゴが、今日も完璧に片付けきらないと！ という気持ちをゆるくしてくれたような気がします。

手洗いした食器は、椀カゴにまとめて。

掃除、片付け

トイレスリッパはいらない？

トイレ掃除は、すぐできて簡単なのがいいですよね。掃除道具を出すストレスをなくすこと、掃除の後の片付けも簡単にすること、余計なもの（マットやスリッパ）は置かないことがポイントでしょうか。

我が家のトイレ掃除用品は「流せるトイレクリーナー」（100均）。とトイレブラシも「流せる掃除ブラシ」。掃除の後は流すだけ。タンクの下に突っ張り棒を付けて、目立たないように置いていますが、ワンアクションで手に取ることができるので便利です。

さて先日、長女の友達が遊びにきたとき「トイレのスリッパがないんだけどー？」と。そうか。当たり前のように履いている家庭ではスリッパがないことで、トイレに入れないこともあるのか……と。その件があって、トイレスリッパを用意しようかと考えてます。

手洗いボウルも埃がたまりやすいところ。きれいに拭きます。

▼台所

キッチン「シンク」に置かないもの

我が家のキッチンシンクには「三角コーナー」「排水口のふた」「附属のスポンジラック」がありません。

排水口のふたをなくし、ゴミカゴ内が見える状態にしておくことで、常にキレイな状態を保てるようになりました。

「三角コーナー」はとても便利ですが、ゴミを片付けた後、さらに三角コーナーを洗い乾かす作業をしないとその周辺、そのものもぬめりが出ます。

それを省略したくてやめました。替わりにスーパーのビニール袋を使い、吸盤フックを取り付けて掛けます。

スポンジラックも同様の理由でやめ、替わりは、IKEAの「マグネットナイフラック」を使っています。スポンジを挟むステンレスのクリップ状のもので挟み、マグネットにペタリと貼っています。

私は、特に水回りのぬめり掃除が苦手です。苦手なことはときには手放す(掃除を業者さんに頼む、得意な家族に頼む)のもひとつの方法ですが、低いレベルで続けられる方法を考えるのもひとつの手段ではないでしょうか。

水回りにぬめり掃除をできるだけしなくて済むように工夫しています。

▼作りおき

冷蔵庫に常備したい薬味2つ。

納豆の賞味期限が10日過ぎていました。以前、納豆は賞味期限がかなり過ぎていても大丈夫! というような記事を見たことがあったのできっと大丈夫と食べることに。調べたら、冷蔵保存で2カ月大丈夫だったという人も。おなかを壊しやすいので、2カ月過ぎたものはやめておきたいなぁと思います。

さてそんな納豆、プラス薬味で見た目も味もとってもグレードアップしますね! 我が家では、常に保存している大葉+長ねぎをプラスで食べることが多いです。長ねぎと大葉を刻んで、付属のタレと一緒にまぜるだけ。見た目もボリュームもアップして、納豆も立派な一品おかずになりますね。

長ねぎは買ってきたら洗って、キッチンペーパーで水気をふきとり、無印良品の密閉保存容器に入れます。大葉は洗って、サラダスピナーで水気をきったらぬらしたキッチンペーパーを茎に巻きつけて輪ゴムでとめ、容器ごと立てて冷蔵しておきます。もう10日以上経っているかと思うのですが、まだ大丈夫です。刻んでおみそ汁に入れる、魚の下に敷くなどなど、とにかく使える大葉です。薬味だけでも、洗って保存しておくと、料理時、とても楽ちんですね。

納豆も長ねぎと大葉をのせれば立派な一品おかずになります。

ティッシュケースのようですが、サシェです。

II

まんまるさん
manmaru

夫と二人暮らし。日々の暮らしをシンプルに丁寧に。

専業主婦が天職というくらい、専業主婦生活を満喫しているというまんまるさん。なんと洗濯は手洗いだとか。

➡「シンプル&丁寧に暮らしたい」
http://simplesmilelife.hatenablog.com/

手芸屋さんで、リサ・ラーソンの布を買いました!

まず作ったのは大きめの巾着袋です! 何に使うかというと……実家への帰省や旅行のときなどに着替えを入れる用の袋に使おうと思っています。これなら裏布を付けず1枚布で作っても問題ありません。

そして余った布をどうしようかなと考えて……作ったのが手作りサシェです! パッと見では、ポケットティッシュケースのようで、作り方もポケットティッシュケースとほとんど同じ。ただ入口部分を折り返してアイロンで線を付けただけで縫ってないという……とっても簡単な作りになっています。

サシェの中身の作り方は簡単で、まず紙コップに作りたい量の重曹を入れて、アロマオイルを数滴垂らしスプーンで混ぜます。だいたいサシェひとつに大さじ1くらいを目安に。そしてお茶パックを二重にして、重曹を入れていきます。

それをリサ・ラーソンの布で作ったケースに入れて、全部入れたら完成です。

これを私は衣類の引き出しへ入れています。アロマオイルはユーカリの香りなので虫よけにも効果ありです。作ったサシェは、だいたい2~3ヶ月で中の重曹を交換するようにしています。

巾着袋も作りました。

重曹にアロマオイルを入れるだけ。

余り布で作ったサシェ。

▼掃除、片付け

月1回はキッチン床のワックスがけ

今日は買い物へ行くつもりだったんですが、考えてみたら別に行く必要がないことに気付き、行くのをやめました。何となく卵が安いから買いに行こうと思っていて、ついでにお肉とかも安売りしているので買おうかなぁと思っていたんです。この「何となく」が危険ですよね。

危うく無駄遣いしちゃうところでした。行くのを止めたことで節約につながった気がします。

そして時間の節約もできたので、今日はいろいろと家事をやろうと思い……まず手始めにやったのは、キッチン床のワックスがけです！ といっても本格的なものではなく、ただワックスシートを使ってササ〜っと拭き上げるだけです（笑）。ササっとでも、やるとやらないとでは気分が全然違います！ 自分的にはワックスシートを使うことでキッチン床がよみがえるような感じがします。

食卓も移動させてやったほうがいいんでしょうけど、そうなると大事になるので、食卓はそのままでワックスがけしています。

月1回のルーティンワークに入れていて、毎月1回はワックスがけしています。

ワックスがけした直後の写真です。

▼家じかん

気分もすっきり！最近の朝の日課

最近、我が家で朝の日課になりつつあることがあります。それは……お香を焚くことです。

私が使っているのはHEMの「THE MOON」というお香で、ふわっとほのかに香ります。どちらかというとお線香のような和の香りです。

お香を焚いている場所はトイレです。以前から玄関やトイレでお香を焚くと悪い気をなくしてくれるとかで、ときどき焚いていましたが、最近は毎朝のように焚いています。お香を焚くとしばらくの間お香の香りが残ってくれるので、トイレに入ったときにふっとよい香りがするんです。何だかそれが病みつきです♪ お香を焚くと気分がすっきりして気持ちよく過ごせます。

ふっとよい香りがするのがお気に入りです。

PROFILE DATA

▼お名前
まんまるさん

▼お住まい
北海道

▼年代
30代

▼ご家族構成
夫、自分

▼お仕事
専業主婦

▼趣味、特技
お菓子作り・パン作り・お裁縫

▼好きな家事
掃除です。掃除を終えた後のきれいな部屋を見ると気分爽快になります！

▼苦手な家事
お料理です。お菓子やパンを作るのは好きなのですが……

▼挑戦したいこと
今まで靴のお手入れが適当だったので、今後はお手入れ道具もそろえたいと思っています

▼時間があったらやりたい家事
窓拭きです

▼今の暮らし関連の悩み
転勤族のため使わないからといって、すぐに処分できないこと

▼暮らし関連の夢
新しくコードレスクリーナーを買ってストレスフリーで掃除できたらいいなぁと思っています

台所

夜の家事の流れ

我が家の夜の家事の流れについて書きたいと思います。

夕食後に食器を洗った後は、水きりカゴではなく、キッチンの上にそのまま置いています。

シンクはサッと洗った後、台拭きを桶に漬けておきます。この状態のまま、しばらくおきます。だいたい我が家は、夕食後1時間くらいでお風呂やシャワーに入ります。夫→私の順に入るので、私が出て髪を乾かした後に、浴室の排水溝の髪などを取り除きます。それからキッチンの食器を片付けます。

水きりカゴを使わなくなって気付いたんですが、水きりカゴを使わないほうが食器の乾きが早い。水きりカゴだと朝になっても、まだ水滴が結構付いていたりしましたが、使わなくなってからは1〜2時間おいたら結構乾いちゃっています。なので、ほとんどのものは拭いて片付けてしまいますが、まだ水気がきれないものは朝まで置いておきます。

食器を片付けた後は、桶に漬けていた台拭きを洗います。桶はすすいで、台に伏せておきます。翌日がゴミの日なら、この後でシンクの排水口の掃除をしたりします。こんな感じで夜の家事は終了です。

この後は、余程のことがない限り家事はしないと決めています。ということで、もう手を濡らすことがないので足裏にクリームを塗ってからストレッチします（笑）。

上／水気がきれないものは朝までおいておきます。この日は、小さいボウル＆ザルとビール用グラスとフライパンのフタと小鍋用フタがまだでした。　中／水きりカゴを使うのをやめたら乾きが早い気がします。　左下／竹ザルには細かいものを入れています。そうすることで食器がカチャカチャしたりしないので便利。　右下／台拭きを桶に漬けておきます。

掃除、片付け

家事をルーティンワーク表にしています

定期的に行う家事を表にして、いつ行ったかをチェックしています。家事だけじゃなく日用品（歯ブラシやスポンジ等）の交換したチェックなどなど……そういうのって意外といつやったのかって忘れてしまうんですよね。それで何とかしようと思って今年の夏頃から表を作ってチェックし始めました。

上にある「月」の部分には該当する月を手書きして、行ったら下のマスに日付を記入していきます。この表は、まだ完成ではなくて……使いにくい点など気付いたところは訂正して使っています。

食器用スポンジは月1回交換にしようと思っていたのですが、1カ月持たずにダメになり交換していたので枠を増やしました。

それからガス換気扇は、シロッコファンの掃除をしていなかったため汚れが落ちにくくなってしまったのでしばらく月1で掃除しようと思います……。また、気付いたときに書き加えられると便利かなと思って空欄を設けています。しばらくは、この表でやっていこうと思います。

この表があるおかげで、いつ何をやったかが明確なので助かります。やり忘れたときも表を見直すことで気付けるので、ずっと忘れたままということもなくなりました。

Routine work List 1

1ヶ月に1回の仕事

行う時期	内容	月	月	月	月	月	月
月初め	食器用布巾の漂白						
	台拭きの漂白						
	食器用スポンジ交換						
	食器用スチールウール交換						
月1回	ベッド一式交換（洗濯）						
	トイレ漂白						
	台所の床ワックスシート						

2ヶ月に1回の仕事

行う時期	内容	月	月	月	月	月	月
奇数月の初め	歯ブラシの交換						
	歯間ブラシの交換						
奇数月	トイレの換気扇掃除						
奇数月	冷蔵庫の掃除（内側＆外側）						
奇数月	冷凍庫の掃除（内側＆外側）						
偶数月	台所ガス換気扇掃除						

1年に1回の仕事

行う時期	内容		
	顔拭きタオル交換		
	バスタオル交換		
	お風呂ボディタオル交換		

やり忘れがなくなるので助かります。

台所

スパイスボトルを使いやすく！

我が家のスパイスボトル。塩コショウを入れているものは、上下でナナメに仕切られているものです。特にラベルを貼ったりしなくても見れば一目瞭然かなと思ってラベルを貼っていませんでした。私が使う分には、何も問題なかったのですが、先日、夫がこの塩コショウを使う場面があり、「こっちが塩？　あれっ⁇」「あっ！　コショウか⁉」というように塩とコショウの区別がつきにくかったんです。そこで、夫にも分かりやすいように、ラベルを貼ることにしました！　ラベルは我が家ではお馴染みの「ピータッチ」で作りました。

夫にわかりやすいようにラベリングしました。

洗濯

我が家は手洗い洗濯です

我が家は毎日ほぼ、手洗い洗濯です。夫婦2人なので毎日、洗濯機を使って洗うほどの量もないですし……まとめて洗濯機で洗うという選択肢もありますが、部屋の乾燥防止のためにも毎日洗濯したいということもあり、それに専業主婦なので洗濯に手間が掛かっても問題ない……ということで手洗い洗濯しています。しかも水道代の節約にもなるので一石二鳥なんです。最後の脱水は洗濯機を使っていますが。

シーツなどの大きなものを洗うときなどは洗濯機を使用しています。あと何かが重なって洗濯物が多いときなど……。絶対、洗濯機は使わないってワケではなく臨機応変に使っています。

たまに洗濯機を使うと、洗濯機の便利さが身に染みてわかります（笑）。「洗濯機って何て楽なんだろう～」となり……毎日使いたくなってしまいます。が！　そこはグッと我慢して、また手洗いに日々励みます（笑）。

ほぼ毎日手洗いで
洗濯しています。
脱水のみ洗濯機で。

12

DAHLIA★さん

DAHLIA★

自然の恵みと四季を生かした、心地よいシンプル暮らし。

手作りのドライトマトはハーブ入りのオリーブオイル漬けに。

部屋にあふれたモノの断捨離をきっかけにシンプルライフを始めたというDAHLIA★さんです。

「シンプルライフ×シンプルスタイル」
http://シンプルライフ.jp.net/

夏にぜひ、やってみたかったのがドライトマト作り。オーブン用の鉄板がないのでパエリアパンを使用してオーブンで焼いていきます。

買ってきたミニトマトを食用の重曹を入れた水に3分ほどつけ、念のため、農薬を除去します。水を切り、水分を拭いて半分にカット。パエリアパンに並べて軽く塩を振り、オーブンへ。140度で1時間〜1時間半ほど。

オーブンで焼いたミニトマトの甘いこと！　やみつきになるおいしさです。サラダに混ぜてもつまみにもピッタリ。少し保存できるようハーブとともにオリーブオイル漬けにすることにしました。魚料理のアクアパッツァやパスタにも使えます。

パエリアパンを使って。

家じかん

フレッシュハーブのリースを作りました

我が家のベランダガーデン。ハーブの成長がすごいです！　爽やかな香りを家の中に閉じ込めたくてフレッシュハーブリースを作ってみました。

リース型の吸水スポンジ（大きいホームセンターか通販で買えます）に、我が家でとれたミントやローズマリーなど8種類のハーブをバランスよく挿してできあがり！

風通しのよい日陰に飾り、霧吹きでハーブの表面と吸水スポンジ部分に水を吹きかけてやれば、10日ほど楽しむことができます。ラッピングして料理好きな方へのちょっとしたプレゼントとしてもよさそう。暑い日が続いても涼やかなハーブの香りに癒やされます。

キッチンに飾ればお料理にもすぐ使えます。

▼掃除・片付け

1カ所整うと、もっと整えたくなる。

朝起きて一番に向かう場所。そして、帰宅後に一番に向かう場所、キッチン。廊下から見えるこの景色が整っていると「おはよう」も「ただいま」もとても気持ちよくスタートできる。

けれどやることがたまってくると、不思議とこの場所にもいろんなものをためてしまう。そしてそんな環境に慣れっこになってしまうのです。

でも整えることに気持ちが向かないときも、1カ所だけ強引に整えてみると……なぜか他の場所も連鎖して整った環境になっていくんです！

1つの場所が整うと、脳内に「快」物質が生まれ、その気持ちよさをさらに味わいたくなり、テーブルの上だけ整えるつもりが、部屋中になり、……そのうち家中全ての部屋を整えたくなるという！（笑）

とりあえず1カ所だけでも、快適なスペースになるよう整えてみると、ほかの場所も片付けたくなる、という法則に気付きました！

キッチンが整っていると、気持ちよいスタートが切れます。

▼自分のこと

手間暇かけて、ブラッシング。

久しぶりにヘアーブラシを購入しました。ショートカット歴が長いので、基本手ぐしだったり、頭皮と髪をあまりいたわっていない時期が長くありました。しかし歳を重ね、頭頂部の薄さや髪のコシのなさ、白髪など気になる部分がいろいろ。

最近は頭皮ケアを日課にしています。今まで、育毛用の美容液をたまに買ってケアしていましたが、何より大切なのは頭皮をブラッシングし、頭皮の血行を良くすること！　頭皮も肌と同じように、冷えて血行が悪くなるのはよくないらしい。

行きつけの美容院で相談して、選んだブラシ。頭皮の血行がよくなることをイメージしながら、手間と時間をかけて、ブラッシングしています。

1777年から作られている英国王室御用達、ケント社のもの。見た目がコロンとしていてかわいい、大のお気に入り。

▼自分のこと

大人のカジュアルに大事なこと

普段着からちょっとした外出着まで年間通して愛用の「デニム」。また、3シーズン着ているセントジェームスの「ボーダーシャツ」、出し入れしやすく気軽に持てる「トートバッグ」、アクティブに歩ける「コンバース」。どれもとても出番が多いアイテムです。洗濯しやすいし丈夫でノンストレス！

でもこれ、素材が全部コットンでマットな素材だけ。私の場合、マット素材だけだと、全体の着こなしが何だか「もっさり」してしまいます。

なので、「ツヤ」感のある素材を入れるよう意識しています。例えばアクセサリーやシルクスカーフ、革製品でツヤをプラス。出かける前に鏡でチェックした自分が「さえないな～」と感じたときはツヤ感のあるモノを足してみると印象が違ってみえるかもしれません。

大人のカジュアルにはツヤ感をプラスすると印象が変わります。

PROFILE DATA

▼お名前
DAHLIA★さん

▼お住まい
神奈川県

▼年代
40代

▼ご家族構成
主人と2人

▼お仕事
自営業

▼趣味、特技
土いじり、畑仕事、花あしらい、保存食作り

▼好きな家事
保存食作り

▼苦手な家事
掃除全般

▼挑戦したいこと
パーマカルチャー（持続可能な農的暮らし）を少しずつ暮らしに取り入れたい

▼時間があったらやりたい家事
発酵食作り全般（しょうゆなど）、パンとお菓子作り

▼暮らし関連の夢
人を家に招き、育てた野菜やハーブで料理などでおもてなし

自分のこと

初夏のアイテムと大人のTシャツ

暑さが苦手な私は5月くらいから早々に半袖Tシャツの出番が多いです。

今年の夏の色の気分は、色はネイビー・水色・ホワイト。そしてホワイト・キャメル・ベージュの色のバリエーションで楽しみます。着回し度をアップさせるために色はどのパターンでも合うように考慮しています。

そして毎年課題となっているのが「大人のTシャツ」探し。暑い日はTシャツが1番楽チンで心地いい。けれど自分の体型をカバーしてくれるベストな1枚がなかなか見つからず、とりあえずで選んでしまっています。たかがTシャツ、されどTシャツ。そして、Tシャツに5000円以上は投資したくない。もう探すのが面倒で、自分の体型をどうにかしたほうが早い気がしてきた！ 焦らず気長に、運命のTシャツを探しに、今年の夏も旅しそうです。

好きな色を組み合わせて着回します。

小さな工夫

涼を感じる入浴方法

最近、ドラックストアでも見かけるようになった「ハッカ油」。ハッカとは和名で、ミントのこと。清涼感あるスッーとする香りとひんやり感のある使い心地が暑い夏にはマストアイテム！ 我が家では年間通してデイリーに使用しています。重曹に数滴ハッカ油をたらし、臭い消しとして冷蔵庫や流しの下に入れたり、ハッカ油をたらした重曹でトイレ掃除をすれば、消臭剤いらず。そして虫除けスプレーとしても。ゴキブリ退治にも効果があると聞きます。

最近、私がハマっているのは、浴槽に数滴たらして入浴する方法です。冷え対策で夏も湯船につかるので、お風呂上がりの発汗量がすごいんです。でもハッカ油を入れるとさっぱりとした清涼感があり、お風呂上がりの暑さと汗が抑えられます！

夏のマストアイテムです。

自分のこと

苦手なことにチャレンジする

今日は全身が筋肉痛……。昨日、ハーフマラソンに参加してきたんです。

元々は走るのなんて大嫌い！ マラソン大会では後ろから数えたほうが早く、苦手意識が強かった。でも走れるっていいなあ、という憧れの感情もあったのです。

それから時が経ってあまりにも体重が増えたために、始めたランニング。

最初は500mくらいしか走れませんでしたが毎日、前日よりも1歩でも多く走ることを実践した結果、今があります。正直、走って楽しいというより、ツライときが多いのですが、それでも走り続けるのは自己肯定感がアップするから。苦手なことにチャレンジすると自信につながり、達成感がすごいんです！ そして生活にメリハリが生まれるし、ご飯がおいしくなりました！（いつも食べすぎるから思ったよりは痩せないですが……）

苦手なことを克服していきたい。

小さな工夫

「おいしいスペース」を確保する

最近、おいしいものを瓶に閉じ込める保存食に夢中。そのせいで保存食を置くスペースが必要だったのでキッチンの一角のスペースを確保！ ここに保存食の詰まったびんが続々と並ぶ予定です。

最近作ったのは「自家製Rawマスタード」。マスタードシードにお酢と塩とはちみつで仕込みます。マスタードシードのプツプツ感がとってもおいしい。このマスタードを使った料理が楽しみです。

それから2カ月前に仕込んだアンチョビをオイル漬けにしました。1カ月ほど熟成させます。ほかには先月漬け込んだ塩山椒の実とにんにくのオイル漬け。

実は冷蔵庫にも保存食がズラリ。今後も夏の食材を使っておいしい保存食を作る予定です。

キッチンの一角を保存食スペースに。

お手入れ

天然木の防虫剤で癒やされます

今日は、クローゼットの掃除と整理をしました。

気が付けば期限切れになっていた防虫剤。以前から気になっていた防虫&防カビの効能が期待できる「レッドシダー」の防虫剤を取り入れてみることに。天然木のよい香りです!

レッドシダーとは北米産針葉樹で芳香をもち、神経を和らげる作用を持っているといわれています。また防腐・防虫効果が高く、乾燥が早く耐久性にも優れている木材だそう。

「シダーフレッシュ ストレージアクセサリー」4種類の形状が72ピースもセットになった大容量タイプです。ハンガータイプ、サシェタイプ、リングタイプ、キューブタイプと用途によって便利に使い分けられます。

クローゼットを開けるたびにシダーウッドの香りで癒されています。香りが弱まってきたらやすりなどで木の表面を削ると香りが復活するようです!

上／レッドシダーの防虫剤。　左下／リング型は、ハンガーの金具部分に通せます。　中下／サシェ型は靴に入れてもいいですよね。　右下／キューブタイプは、偏らないように紙コップにまとめて入れてみました。

小さな工夫

暑い日、玉ねぎの時短調理

実家から送られてくる大量の玉ねぎ、芽を出させずに保存したい。あめ色玉ねぎを作ってみたい。暑いので調理に火を使いたくない。そんな私の望みを叶えてくれるのが玉ねぎの冷凍保存です。

まず、玉ねぎをせん切りかみじん切りにして保存容器に入れます。保存袋に入れたら、平らにして冷凍庫へ。3、4時間冷凍するだけで火の通りが早くなるので時短にオススメ!

そして、この冷凍玉ねぎを、薄く油を敷いたフライパンに投入し、強めの中火で炒めます。炒めること10分程であめ色に! あめ色玉ねぎはカレーやハンバーグにはもちろん、ドレッシングやサラダにも使えて、おいしく、本当に便利です!

玉ねぎはみじん切りして冷凍すると火の通りが早くなります。

作りおき

旬の実山椒でいろいろ

今日は山椒の実で常備菜をいろいろ作りました。

昨年は山椒の実の下処理に5時間近くかかりヘトヘトに! もうイヤになるくらいだったのに、今年は1時間半ほどでアッという間に作業終了。そして日が暮れる前にゆで終わり、アク抜き作業までその日中に終わりました! 塩山椒、しょうゆ漬け山椒、ちりめん山椒、しょうゆ山椒（しょうゆとみりんで炊いたもの）と4品、お取り寄せした500g全て仕込むことができて、我ながら驚いています。下処理が面倒すぎて、なかなか作れずにいたけど、作ってよかった!

改めて感じたのは、初めてのことは時間がかかりますが、2回目となるとこんなにも短時間にできるんだということ。これは料理に限らず身の回りのこと全てにあてはまることなんでしょうね。これをきっかけに、新しい手仕事にもトライしてみることにしました!

手作りは感動するほどおいしいんです。

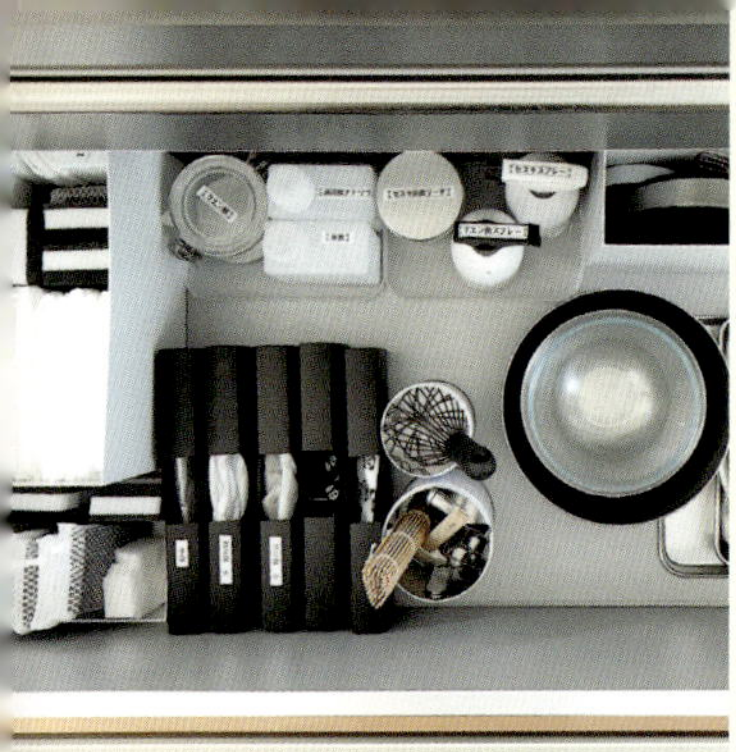

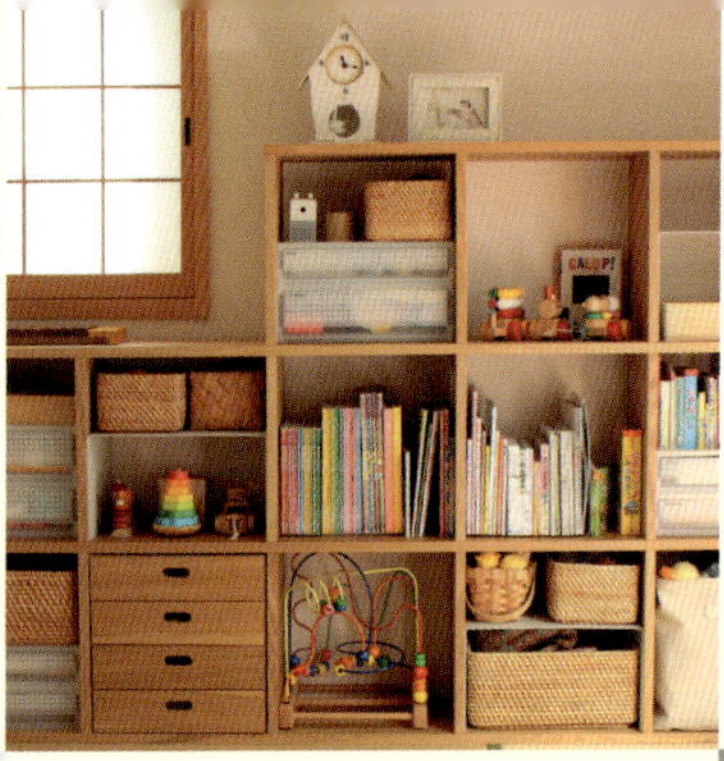

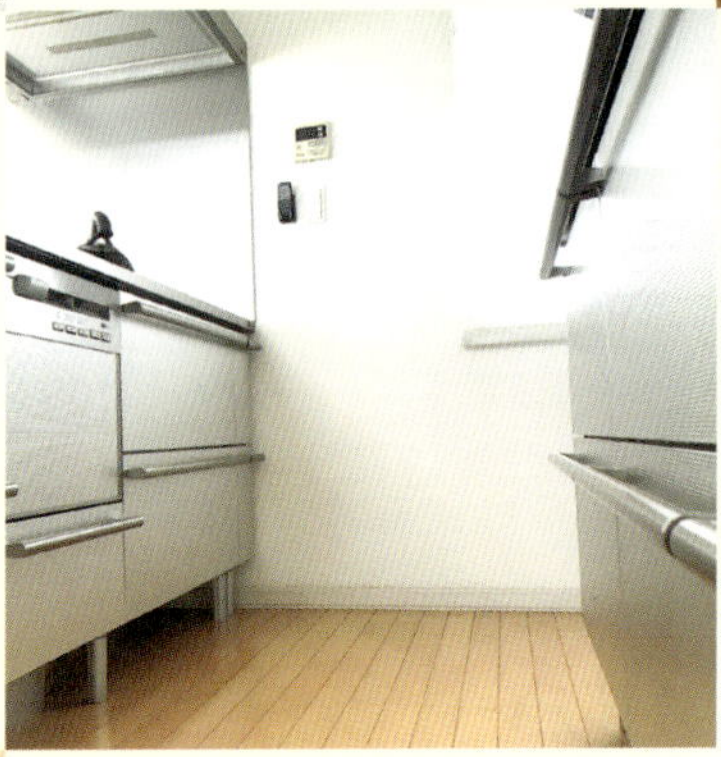

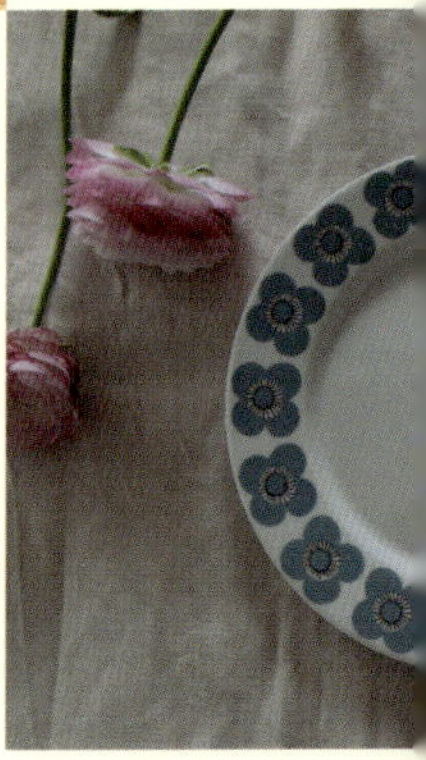

2

シンプルに暮らす

モノも、人生も
シンプルに。
気負わず、自分らしい
シンプルな暮らしをしている人たち。

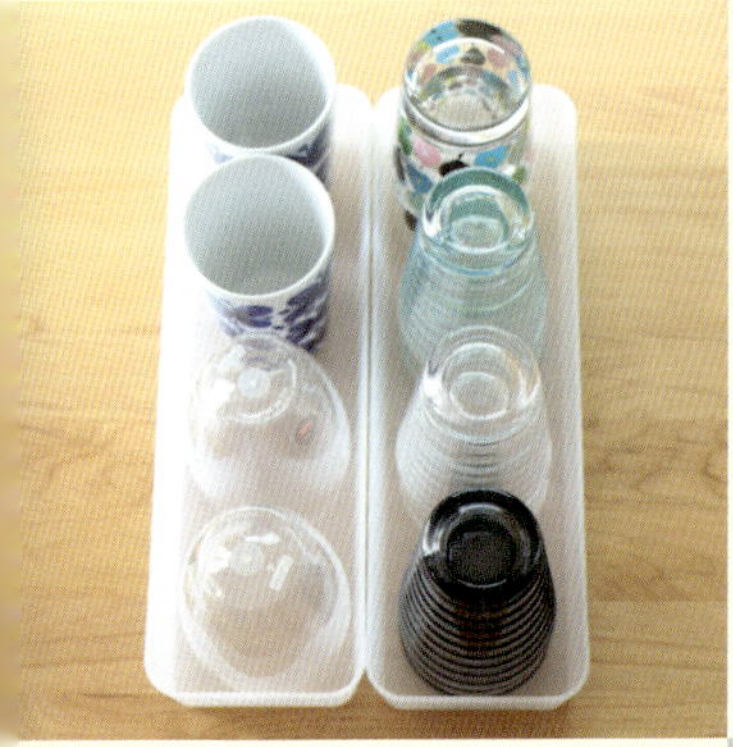

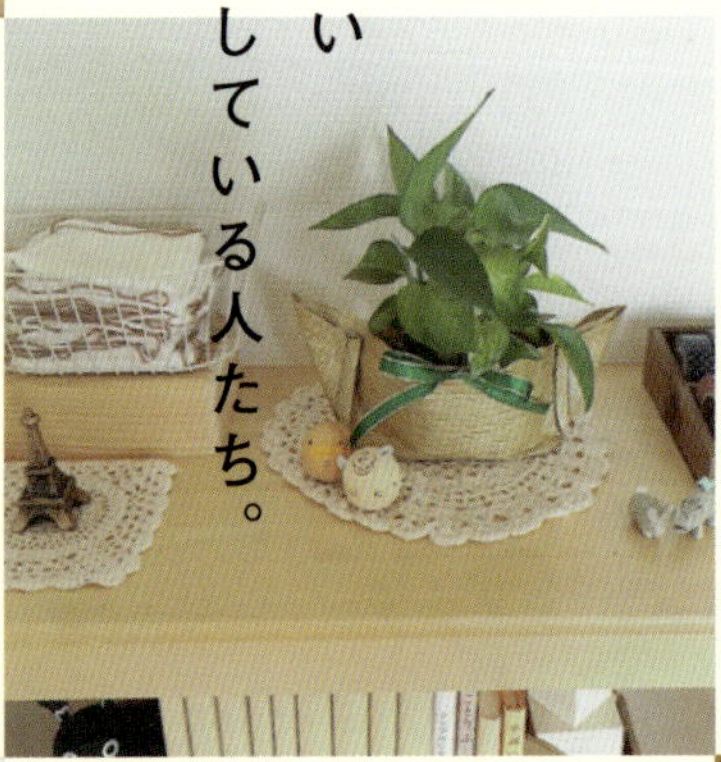

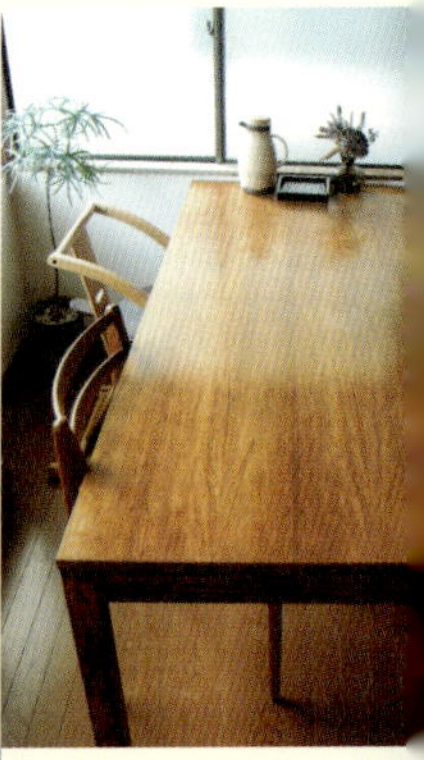

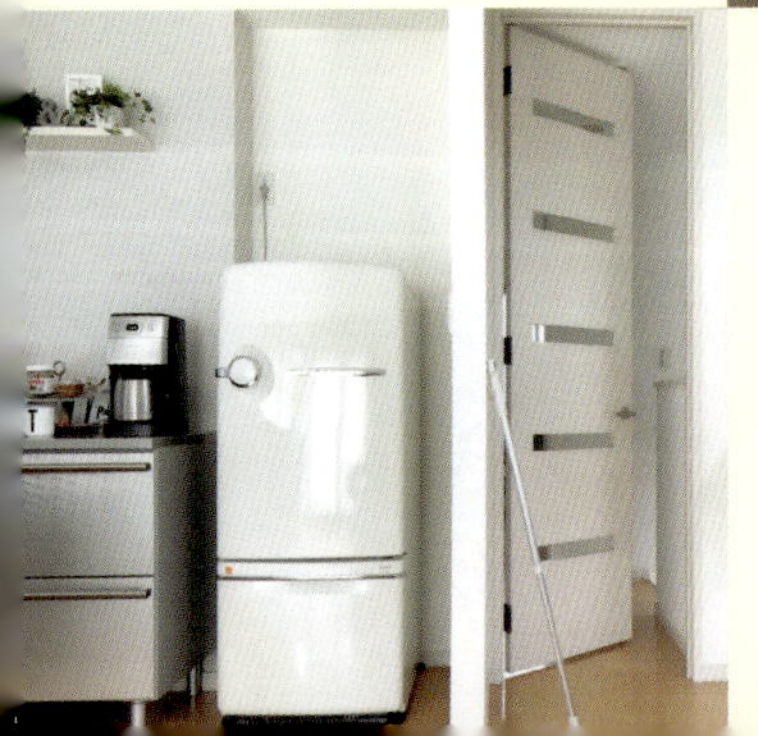

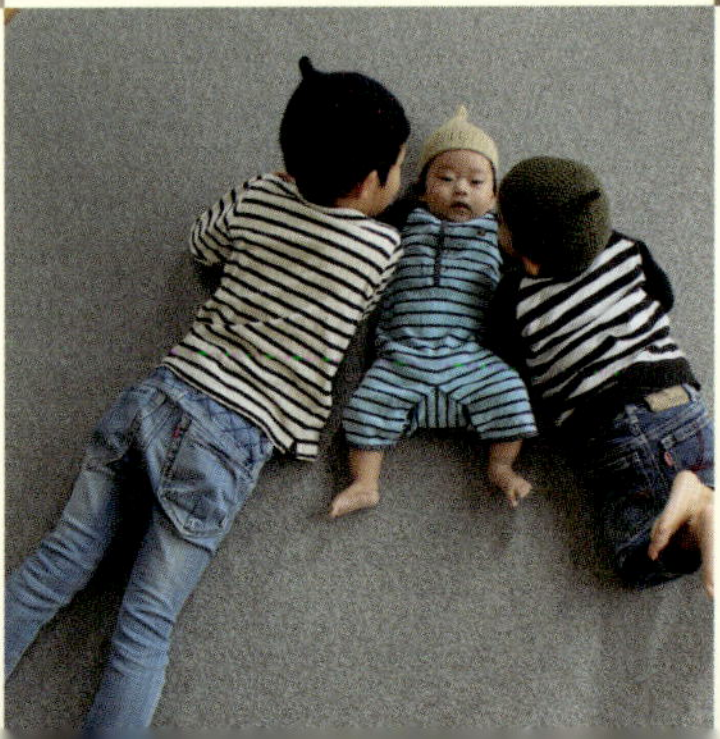

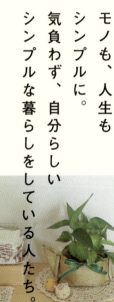

ハッカ油

13

大木聖美さん

Satomi Ohki

なんだか使いにくいと感じたときが収納改善のタイミング!

キッチン裏のパントリー。

掃除、片付け好きが高じて
整理収納のお仕事をしている大木さん。
さすがのアイデア、ノウハウです。

「我が道ライフ」
http://wagamichilife.jp/

キッチン裏のパントリー。なんだか最近使いにくい……。そう感じたときが収納改善のタイミング。

現在、何を収納しているのか、収納したいものは何かをじっくり考え、モノの見直しをしようと思います。考えてもまとまらないときは、ノートに書いたり、写真を撮ったりすると案外よいアイデアが浮かぶものです。

収納改善には勢いが大切なので、モノが多いようならまずは不要なものを捨てること。不要なものがなくなったら、あとはどこに何を置くか考えるだけ。焦らずコツコツ、頑張りすぎないように。

パントリーの紙ゴミと新聞紙置き場のそばには、ヒモを置いて、使いたいときすぐ出せるようにしています。

新聞紙は台所で大活躍！ 生ごみを包んで捨てるとき、揚げ物の油ハネ防止用、油を捨てるときなど、用途はいろいろ。新聞紙を四つ折りするとIKEAの真っ白ボックスに、ピッタリジャストサイズで収まります。そしてこのボックスは無印良品の「ABS樹脂A4脚付トレー」にピッタリ合うサイズ。床に直置きせず底上げすることで、大きくかがまず体への負担が軽減するよう工夫しています。

100均の入れ物に無印良品の麻ひもとハサミを。

パントリー下部には米びつと、新聞紙入れ。

読み終えた新聞は台所で大活躍。

▼台所

キッチンのグリーンを移動させてスッキリ

今日はお仕事で、キッチン収納についてお話ししてきました。

フライパン、鍋、保存容器についていくつ持っているか書き出してもらい、お隣の方と意見交換タイム。知らない方と自宅の鍋の数を話すなんて状況、普通ないですよね、これが大盛り上がりで楽しく打ち解けてもらえてよかったです。

キッチンにずっと置いていた植物たちを移動させてみました。グリーンのないスッキリとしたカウンター。ダンナさん、こういうのが好きなんだって！ってことで食事の配膳が格段にラクになりました！

キッチンのグリーンを移動させたら、掃除もしやすくなりました。

PROFILE DATA

▼お名前
大木聖美さん

▼お住まい
神奈川県

▼年代
40代

▼お仕事
整理収納アドバイザー

▼趣味、特技
絵を描くこと

▼好きな家事
お片づけと拭き掃除、庭仕事

▼苦手な家事
お風呂掃除とアイロンがけ

▼挑戦したいこと
英会話

▼時間があったらやりたい家事
納戸の整理とパン作り

▼今の暮らし関連の悩み
子どもたちの趣味であるLEGOが増えすぎて置き場がない！ 収納場所と収納方法に悩んでいます

▼暮らし関連の夢
スッキリ風通しのよい家をキープ！ あとお庭をもっとくつろげる感じに充実させたい！ バラとベンチを置き、そこでくつろぐのが夢です

台所

ゾーン分けで取り出しやすく

キッチンシンクの引き出し、下段です。細長い引き出しをやんわり左右でゾーン分け。左には掃除道具やストック品を。右には調理道具を入れています。

ぎゅうぎゅうにしないで余白があると取り出しやすいです。

なんとなーくできている空白が、いろいろなものを取り出しやすくしてくれてる気がします。

掃除、片付け

毎日コツコツと磨きます

毎朝お湯を沸かしながらキッチン扉を拭いています。特に取っ手が汚れるので念入りに。キッチンってどうしても汚れるので、日々コツコツと。

毎朝、拭くのが習慣です。

取れない汚れは、セスキスプレーで拭いてますが、ほとんどはぬらした台ふきんを固く絞って拭くだけです。

扉全体を拭いた後、取っ手を念入りに。最後に天板を拭いて完了！ 2～3分で終わる作業ですが、これだけで朝からスッキリした気分で過ごすことができます。

収納

使わないもの、捨てられないもの

昨日はクローゼットを整理しました。

クローゼットの足元に置いて普段使わないカバンを収納していた白いボックス。

「普段使わない＝もう使わないのに捨てられない」ということに気付きました。

決心がついたので5つのうち4つを処分しました。どうしても手放せなかったカゴバッグは思い出がいっぱい詰まっているもの。バッグとしてではなく収納グッズとして納戸で再利用することに。白いボックスを撤去して足元がスッキリしました。

捨てられない、思い出が詰まっているバッグは収納グッズとして再利用することに。

掃除、片付け

まずはホコリ取りから始めます

今日はお掃除するぞー！　と、掃除機をかける前に、フローリングワイパーをかけました。

掃除機の排気でホコリを巻き上げてしまうため、まずはホコリ取り、その後に掃除機の順でやるほうが、スッキリするような気がします。

ダンナさんと長男くんが花粉症やホコリアレルギーだったりするので、夜のうちに落ちてきたホコリを、朝イチのフローリングワイパーで取ってしまうようにしています。

掃除機の前にフローリングワイパー。

掃除、片付け

掃除の神、降臨！

朝から掃除の神が降臨！　みんなが起きてくる前にスチームモップがけ。床がキレイだと気持ちがよいです。

今日は家族全員家にいる日。昨日なぜか、各自身の周りを整理しようと盛り上がり、長男くんだけ先走って昨日の夜、机周りをピカピカにしてました……。負けられない（笑）。

珍しくすごい神が降臨してきて、階段から廊下から家の中を拭いてしまいました。

いいお天気、体が動いて気持ちがいいです。

収納

洗面所のタオル収納

タオルは取り込むと同時にペラペラッと四つ折りに。ボックスに入れる際さらに二つ折りしてイン。取り出しやすくしています。

これでフェイスタオルが6枚から8枚入ります。すっぽりピッタリで嬉しい。

ラタンなど自然素材のボックスは繊維が引っかかりやすいため、インナーボックスを入れて引っかかりを防止しています。

無印良品のボックスに、IKEAのケースがぴったり収まります。

収納ボックスを組み合わせたらジャストフィット。

14 まどなおさん
madonao

普通の建売の我が家、試行錯誤して使いやすく!

すっきり整えるためにあれこれ
工夫しているまどなおさん。
細かい部分まで工夫がいっぱい。

➡「いつでも、HOME
〜ちいさな建売、おしゃれハウスを目指す〜」
http://itsudemo-home.blog.jp/

リビングに置いているキャビネットの収納です。建売の我が家、リビングに造り付けの収納がないので、ここがメインのリビング収納です。便利なニトリのインボックス、無印良品のポリプロピレン収納ケース、ダイソーの積み重ねボックスという3つを組み合わせたら、なかなかジャストなサイズ感になりました。

白くて透けない&プラスチック製の丈夫なボックスは、ざっくり投げ込み収納にぴったり。ドライバーなどの工具類や、延長コード、「チャッカマン」などをまとめて入れておいたり、メモ帳やシール、封筒などの文具類をざっくり収納したりしています。

無印のポリプロピレン収納ケースは、細かいものを分類して収納するのに活用。

すっきりさせようとあれこれ試行錯誤ですが、少しずつ整えています。

▼収納
100均つっぱり棒と布で目隠し!

リビングのメイン収納、右端部分。100均のつっぱり棒+マリメッコの布で目隠しカーテンを付けて、ルータや電話機、充電器などの電化製品を、隠す収納にしています♪ 今の「つっぱり棒+カーテン」形式に落ち着くまでは、紆余曲折がありました! ボックスに入れたら、熱がこもるのかルータの調子が悪くなったり。カゴに入れ床に置いていたときは掃除が大変だったり……。ルータ類はごちゃつくので全部隠してしまいたいけど、風通しや掃除のしやすさは重要! そこでこの「つっぱり棒+カーテン」方式でようやく決着。手軽にできて、中身はざっくりでもすっきり見えます。ちょっと隠したい場所に活用できそう!

ルータや電話などは風通しも大事なんですね。

▼収納

棚を一段増やしました

子ども部屋の無印良品のスタッキングシェルフに、パーツを追加して1段増やしました。以前は5マス×2だったのですが、この上にもう1段用の追加パーツを購入。

中身を全出しして掃除してから、シェルフの上下を入れ替え（パーツ接続用のボルトが下に隠れるように設置していたので）。これが大変だった！ ボルトを外して支柱をねじねじ。電動ドライバーを使って組み立て作業！

子どものものって成長に伴って変わっていくので、組み合わせて使える無印良品のの収納がすごく便利ですね。

こういう棚は、ほんとはもっと余白があったほうがオシャレなんだろうけど、おもちゃや本を収納しておく場所がほかにないので、がっつりフル活用してます。

いろんな組み合わせで使えるスタッキングシェルフ。便利！

▼掃除、片付け

シンクにモノを置かないとラク

キッチンは汚れをためると厄介なので、サッと掃除できるようにモノをとにかく少なく！ 私は特にミニマリストというわけではないんですが、キッチンだけは、モノを減らすと掃除が楽になっていくプロセスが楽しくて（笑）。

シンク内のスポンジを置いているカゴは撤去し、食器洗いスポンジは、無印良品のフック付きクリップで挟んで、タオルバーにぶら下げることにしました。

シンク掃除のスポンジは、100円ショップの12個入りお徳用スポンジを、4つにカットしてたくさんストック。ミニサイズで小回りも効くし、シンクを洗ったら、排水口の中のベタベタ汚れもぐいぐい洗って、最後はポイ！ 心置きなく掃除できるようになりました♪

モノを減らすと掃除が楽になって楽しいんです。

▼収納

グラスをトレーに入れると出しやすい

食器収納をちょっと見直しました。食器棚の開き戸の中の一部をグラスの収納場所にしていて、ＩＫＥＡのボックスにまとめて入れて、引き出せるようにしていました。でもグラスを入れるには、ムダなスペースができてしまっていて。そこで替わりに、無印良品の整理ボックスを投入。このポリプロピレン整理ボックス、グラス収納にぴったり。奥行きも4個並べてちょうどよく収まるＧＯＯＤなサイズ。細長いので、食器棚の奥行をより多く活かせて、幅がスリムになったのでスペースがムダに余ることなく収納できるようになりました♪ ただ並べているだけだと、奥のものを取るとき、前にあるものをいちいち退けるのが面倒。トレーにまとめておくと便利です。

トレーにまとめておくと、奥のものも使いやすいのです。

PROFILE DATA

▼お名前
まどなおさん

▼お住まい
関西

▼年代
30代

▼ご家族構成
夫、私、長女5歳、次女2歳

▼住まい
4LDKの戸建て

▼お仕事
専業主婦

▼趣味、特技
整理収納と羊毛フェルト

▼好きな家事
掃除機がけ

▼苦手な家事
アイロンがけ

▼挑戦したいこと
みそ作り

▼時間があったらやりたい家事
子どものおやつを手作り

▼今の暮らし関連の悩み
来春、小学生になる長女の学習スペースをどうするか悩み中

▼暮らし関連の夢
建売の普通なトイレや洗面台をいつかリフォームしたい！

自分でつけた棚には、洗剤やタオルなどを置いています。

15

Rieさん

Rie

家族みんなが居心地よく。ゆったりとした、丁寧な暮らし。

2013年に家を建てたRieさん。
ホテルライクな洗面室を
目指し、日々思考錯誤していらっしゃいます。

「merci cafe」
http://mercicafe.blog.jp/

ホテルライクな洗面室に憧れ、日々掃除をしながらにらめっこしています。

洗面室の棚には、洗剤や白いタオルを置いています。たまに使う「ランドレス」洗剤は、インテリア的に置いています。なかでもウールカシミア用は、おしゃれ着洗いとして愛用中です。洗濯機のふたがピンク色なところが気になり、クロスで隠しています（来客があるときのみ限定です）。

そして、洗濯機と洗面台の間には中途半端な隙間があり、とても掃除がしにくい部分です。汚れやすいのに掃除機がかけにくく、日々ストレスを感じていました。ところが先日、ダイニング収納を片付けていたとき、かつてDIYした棚が活用されていないのを発見（数年前、棚作りなどDIYにはまっていました）！このDIYした棚の上にゴミ箱を置き、バスシューズを無印良品のファイルボックスに入れて奥へ。このおかげで劇的に掃除するのが楽になりました。自分ではとても満足しています。

バスタオルはブルーで統一しています。

洗濯機のふたはクロスで隠しています。

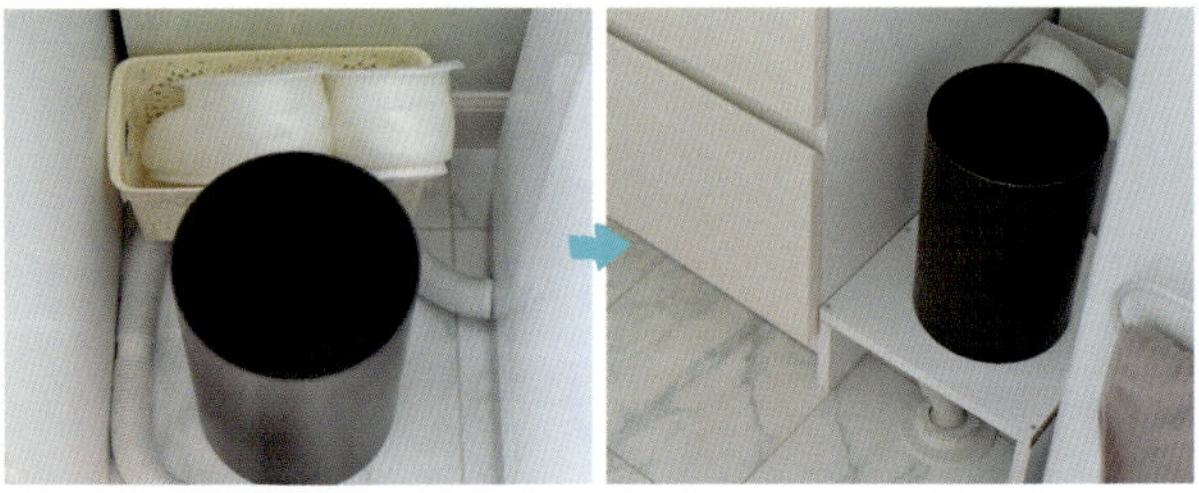
洗濯機との隙間に棚を置いたら掃除がしやすくなりました。

住まい

ホテルライクな洗面室にするために

居心地のいいホテルライクな洗面室に憧れています。壁のクロスもホテル風なイメージの柄にしました。

洗面台に置いている小物も、ホテルに置いてあるような素敵なお気に入りのものをそろえていきたい！ 先日、ハンドソープをイソップの「レスレクション ハンドウォッシュ」に替えました。有名なホテルやレストランにも置いてあるようで、ハーブの香りに癒やされます。

歯磨き用のコップや歯ブラシ、スポンジ、フック類は無印良品、ティッシュケースやバスシューズは100均のものを使っています。思い描くホテルライクな洗面室にはまだ遠いですが、少しずつ改善していけたらなあと思っています。

少しずつホテル風のものをそろえていきたいです。

収納

便利なパントリー収納

我が家のパントリーは、キッチンシンクのすぐ右側にあります。一歩で届くので、おっくうがらずにモノを出し入れできます。間口はたったの56cm、高さは147cmしかありません。両側に、可動式の棚を5段ずつ付けました。

左側の棚は、キッチンやダイニングから全く見えないので、見た目には全然気を使っていません。右側の棚は、ダイニングからも一部見えるので、シンプルなIKEAの白ケースで揃えました。

パントリー収納でのこだわりは、常に余白をつくること！ 食品や飲料水などさまざまなものをパントリーに収納しておきたいところですが、いつも満タン状態では買い物をしてきてもあふれるばかりです。ひとつでも2つでも空きスペースを作っておけば、いざというとき収納できるので、常に整斉とした美しい収納を維持できると思います。

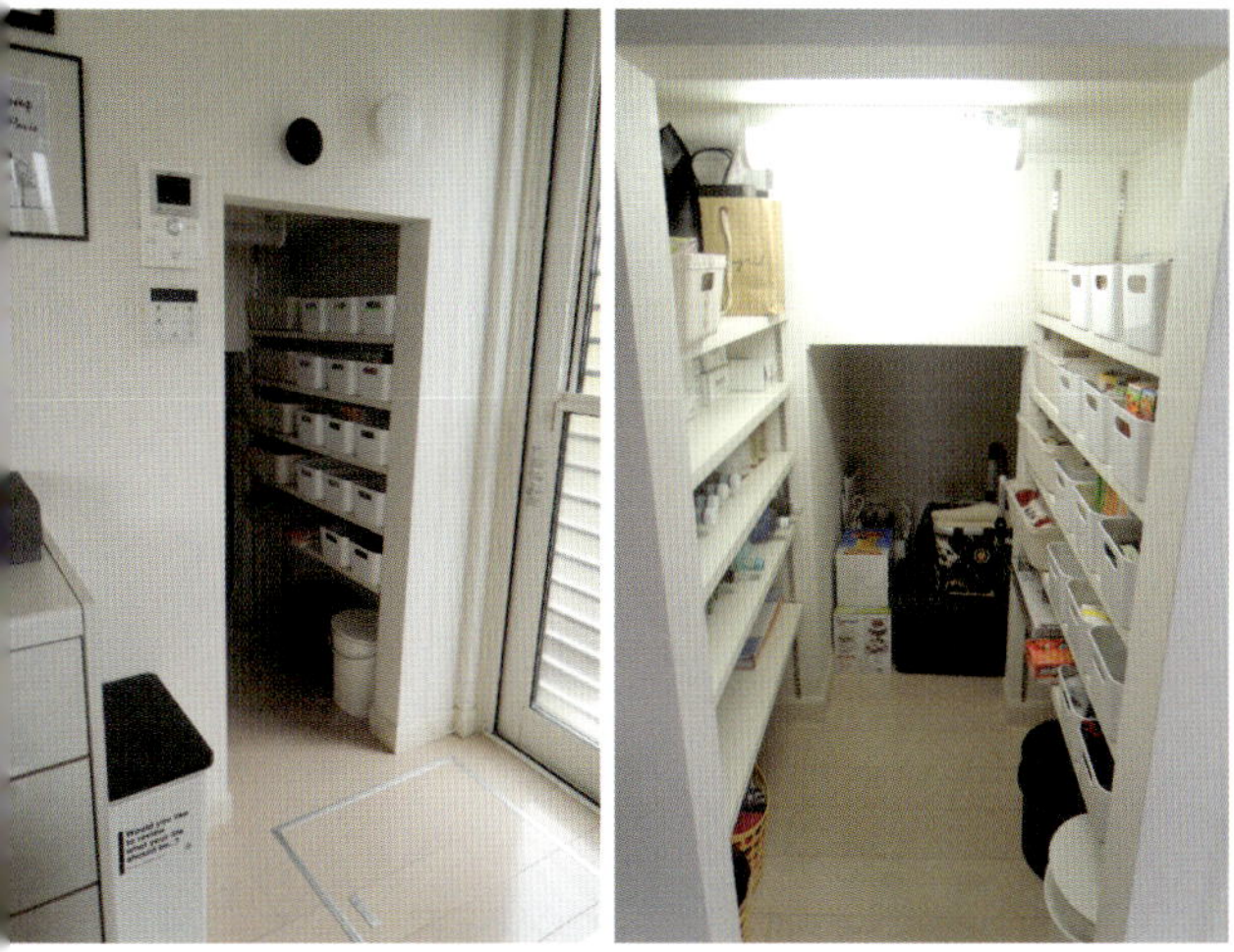

パントリーがあるおかげでキッチンがスッキリ。

PROFILE DATA

お名前
Rieさん

お住まい
茨城県

年代
40代

ご家族構成
夫、自分、長女17歳、長男12歳、次女10歳

お仕事
会社員（広報担当）

趣味、特技
読書、音楽鑑賞、英検2級

家事のこだわり
家事は1人で背負い込まず、家族で分担するようにしています

挑戦したいこと
定期的に常備菜、作りおきをすること

暮らしでのこだわり
毎朝、家族みんなの靴磨きをすること。「ファッションは足元から」といわれるように、足元はいつもきれいにしていたいです

暮らし関連の夢
我が家での忘年会や友人を招いてのランチ会など、来てくれる方々に料理をお出しして喜んでくれることがとてもうれしくて！ 将来小さなカフェやサロンを開いてみたいです

長男、幼稚園最後の運動会弁当。高熱があったのに最後までよく頑張った（閉会式まで気付いてやれなかった母……）というほろ苦い思い出が。

16

hacoさん
haco

3人育児中でも、ちょっと手作りして家事を楽しく。

3人の息子さんを育てるhacoさん。家族の喜ぶ顔が見たくて少し手間をかけるのが好きだそうです。

「3人息子の母です。」
http://harumum.exblog.jp/
Instagram「@haco.s」

「家族の体はお母さんの作るものでできている」をモットーに、毎日の家仕事に励んでいます。今は育児が最優先なので、精神的にも肉体的にも自分を追い詰めないようにしていますが、市販のもので済ませられるものも、少し手間をかけて手作りを楽しむのが好きです。

長男の運動会、今年のメインは串揚げ！　もちろん蓋は閉まらないのでラップでグルグル巻きにしていきました。

そして、ある日のおやつは丸ごとぶどうゼリー。朝から子どもたちにイライライライラ。ガミガミばばあと化していた私。なのに気が付けば、子どもたちが喜ぶ姿を思い浮かべながら作っている。それが母。

贅沢ゼリーはあっという間に平らげました。父さんの分は辛うじて死守。

贅沢ぶどうゼリー。自分が作ったものを、子どもたちが嬉しそうにおいしいおいしいと食べてくれる姿はこの上ない幸せ。

かき氷、今年は手作りシロップを作る余裕はなかったので、市販のシロップで。探したら材料が果物と砂糖だけのものがあったので、思いきって大人買い。フルーツバスケット「かき氷シロップ」、子どもにも好評でした！

▼ものづくり
ファブリックパネルを手作り

気分を変えたくて、ファブリックパネルを作りました。

材料は100円ショップの発泡スチロールボード2枚。ちょっと薄いので、2枚を両面テープで貼り合わせて使います。それと生地は夏にピッタリの、マリメッコの「ムスティッカマア」。ハーフカットサイズ約70cm×約50cmがちょうどいいのです。裏側に布を留めるには、切り込みを入れてグイグイ差し込んで、最後にマスキングテープを貼りました。夏らしい爽やかな空間になって大満足！

洗面室が夏らしくなりました。

▼家族
どんぐり三兄弟

大（6歳）、小（4カ月）、中（2歳5カ月）。どんぐり三兄弟。3人育児、大変だけどかわいい。だから頑張れます。

ある日の長男。「俺ね、A君とB君と最初から3人で遊ぶときは楽しいんだけど、最初にA君とB君が遊んでたら、その2人とは遊びたいって思わんとさ～」と、たどたどしいながらも一生懸命言葉を選びながら伝えてきました。そっかー。先に2人が盛り上がってたら、後からは仲間に入りづらいってことね。わかるよー。女の世界ではよくあるよね。6歳男児もそんなこと考えてるのねー。というか、よく物事を考えていて、その気持ちを母に伝えてきてくれる長男に感心しきり。

自分の世界を持ち始めた大兄さんと世話焼き小兄さんにかわいがられる3男。

▼台所
憧れのヴィンテージ食器

長年恋い焦がれていた器をようやくお迎えできました。アラビアの「ヴェーラ」。あぁ、かわいい。幸せ。ただ、これを愛でる時間もじっくり味わう時間もない現状……。早くこれでおいしいケーキをいただきたい。

今日は遊びにいった先で長男が池にドボン！　のハプニングが。落ちるから近づくなという忠告を聞かず、案の定落ちてしまったことにイライラする私。しかし冷静になってみると必死で泣くのを堪えている長男。そうだよね、怖かったよね。

幸い足が届く深さでケガもなかったけど、まずは無事だったことを感謝すべきところ、イライラが先行してしまった自分に反省……。

憧れていたヴィンテージのアラビア。

PROFILE DATA

▼お名前
hacoさん

▼お住まい
長崎県

▼年代
30代

▼ご家族構成
夫と息子3人（7歳・3歳・0歳）との5人暮らし

▼住まい
持ち家（4LDK）

▼趣味、特技
お菓子作り、ハンドメイド

▼好きな家事
料理、洗濯

▼苦手な家事
掃除

▼挑戦したいこと
家族でキャンプ

▼時間があったらやりたい家事
整理収納、念入り掃除

▼今の暮らし関連の悩み
育児に追われ、家事が思うように進まない

▼暮らし関連の夢
整理収納・ハンドメイド・食育をもっと詳しく学びたい

17

kanadeさん

kanade

古い家に古い家具
自分の好きなものに
こだわる暮らし。

古い家と、古い家具は相性がいい

**ものは「本当に欲しいか、
長く使いたいと思うか」で選ぶ
というkanadeさん。古い家を素敵な空間に。**

「古く小さく愛しいわが家
〜北欧家具とのくらし〜」
http://oldlittlehouse.blog.jp/
Instagram「@kanade_olh」

わが家は夫婦ともに北欧の古い家具が好きで、「北欧家具とのくらし」を楽しんでいます。古い家と、古い家具は相性がいいんだな、って最近ようやく思えるようになって、さらにうちが好きになりました。

この家に越してきた当初は、間に合わせで集めた家具が多かったため、統一感もなく、またお気に入りのものも少ない状況でした。そこから少しずつ、好きなものをそろえていくことで、居心地のいい空間に変化させていきました。ザ・昭和な古い賃貸戸建と、北欧ヴィンテージ家具、という、一風似つかわしそうにもない組み合わせが思いの外相性がよく……、今のわが家につながっています。同じ部屋がこうも変われるのか、とその変遷は、私たちの確実な自信へと繋がっています。

大事なのは「本物を見て、その道の詳しい方から話をたくさん聞くこと」だと思っています。名作を見る、ということは、自分の財産となります。今の年齢になってきて、柔軟性が増し、自分自身、いい吸収力が身に付いてきたように思えます（最良の理解者でもある相方さんの存在も多大です）。おばさん的な社交術が身に付き、功をなしているといえるのかもしれません（笑）。

ダイニングテーブルは、フィン・ユールが1960年代頭にデザインした、ディプロマットシリーズのデスク。優しい色目、ずっしり、すっきりとしたフォルムにうっとり。

雑巾でキュッキュッした床は断然気持ちいい。ハッカ油と「GREEN MOTION」「エコランドリーリキッド」をバケツの水に混ぜて。ラベンダーとミントの香りに癒やされます。

▼住まい

今ではお気に入りの空間

わが家の「ただいま」の風景。玄関のドアを開けると、こんな空間が広がります。

まるでタイムスリップしたかのよう。私も最初ははてどうしたものか……と頭を抱えましたが、今ではすっかりお気に入りのひとつです。

小物を交換したり、季節の植物を添えて雰囲気を変えてみたり……。鏡はアラログで編まれた、フラワーミラー。お気に入りのひとつです。

小物を変えるだけで雰囲気が変わります。

▼掃除、片付け

和と北欧を組み合わせる

わが家の玄関のアンサンブル。お出かけ前、全身チェック用の北欧の古い鏡と、はりみ（ちりとり）と、ほうき。和と北欧の組み合わせも好きです。

ほうきは「白木屋傳兵衛」「掛け無精ほうき」。絵にもなるし、ちょこちょこ使いやすくてお気に入りです。古いこの家に住むとなったときには、自分の憧れとは程遠く感じたこの空間が、それはそれはコンプレックスで……。でも今では、その持ち味を生かし、受け入れ、妥協しないもの選びをするよう心掛けて、世界で唯一無二の愛着を持てる空間に変わりました。

和と北欧の組み合わせが好き。

▼家じかん

デッドストックの魔法瓶

夏に大活躍な魔法瓶。冷蔵庫に行かなくても（行かされなくても）、置いとくだけで水分補給をみんなができるって、便利。象印製の、1970年代のデッドストック。職人さんの手仕事で作られたそう。そういえば昔、どこかで見た気もします。

暑いときこそ、楽できる環境を作りたいですよね。

最近はキッチンを中心に、脱プラスチック化を少しずつ進めています。プラスチック製品を、北欧の古いガラスの瓶、日本の作家さんのうつわなどに移し替え。全て排除するのは難しいけれど、できるだけ見える所は好きな素材のものを集めたいです。

好きな素材のものを集めたい

PROFILE DATA

▼お名前
kanadeさん

▼お住まい
関東

▼年代
30代

▼ご家族構成
相方さん、私、ムスメ7歳、ネコ（女の子）2才

▼お仕事
フルタイム勤務・総合職

▼趣味、特技
整理収納アドバイザー、趣味・庭いじり、お花

▼暮らし、家事へのこだわり
モノは「本当に欲しいか、長く使いたいと思うか」で選ぶ。家事はできるときにする。ちょっと散らかっていても家族との時間は、楽しく過ごす。お母さんや奥さんが笑顔でいること、家族が穏やかに過ごすためのとても大きい要素だと思います

▼今後もう少しこうしたいこと
日々に余裕を生み出す努力をして、より穏やかな気持ちで家族を見守り、支えられる存在になりたいです。時間をできるだけ丁寧に、大切に重ねたいと思います

▼暮らし関連の夢
念願だった、理想の土地を見つけました。そこに「わが家らしい」唯一無二の家を建てることです

棚／IKEA HEJNE　3セクション／シェルフ 20000円。収納／IKEA SKUBB ボックス　ホワイト 1499円×6＝8994円、収納／IKEA TJENA　ふた付きボックス　ホワイト 大　499円×6=2994円、IKEA TJENA ふた付きボックス　ホワイト 小　399円×4=1596円、TANOSSE　PP製ボックス213円×12＝2556円。合計 36140円。思っていたよりは費用が抑えられました。収納を整えるには、それなりに費用が必要となるので、なかなか手を付けられずにいましたが、納戸大改造、やってよかったと思っています。

18

usagi worksさん

usagi works

家族が心地よく暮らせるための仕組みを作りたい。

主婦で布小物作家である usagi works さん。ストレスのない家事の方法をいつも探しているそうです。

「usagi works」
http://usagiworks.blog.jp/
Instagram「@usagi.works」

左上／玄関に近いので傘や帽子などもここに。右上／キッチン収納は無印で揃えています。　下／大改造前の納戸はこんな状態でした……。

ウチにはお客さまには決してお見せできない、開かずの間がありました。納戸です。引っ越してから、5年半の間に、どんどんモノが増えてしまいました。ようやく重い腰を上げて、この納戸の、大改造をしました。

この納戸には、本当にあらゆるものが収納されています。使わなくなったものも、とりあえず納戸に収めてしまっていたのですが、そちらもこの機会に、きちんと見直しました。廃棄したり、リサイクルショップに持っていったり、大変でした！

IKEAの棚にIKEAの収納ボックス等を組み合わせ、これで目標としていた、来客時に納戸のドアが開けっぱなしになっていても、焦る必要のない、整った納戸になりました！

▼台所

キッチンをスッキリ

ウチのキッチン、ダイニング側からです。引っ越したときからほぼ変わらない、この風景。水きりカゴを朝パントリーにしまうことにしてから、かなりスッキリしました。そろそろ、水きりカゴからの卒業も考えています。

お気に入りのマーチソンヒュームの食器用洗剤の下には、100円ショップで購入した珪藻土のコースターを置いています。

水きりカゴは使い終わったらしまいます。

▼モノ

リビングに癒し、ネコのぬいぐるみ

「リサ・ラーソン展」で実物を抱いてみたときから、気になっていた、「リサ・ラーソン ぬいぐるみ MIA（ネコ）」。母が、帰省時に用意しておいてくれました。

リサ・ラーソンの人気の陶器「MIAネコ」がぬいぐるみになったもので、コンセプトは「抱きしめられるリサ・ラーソン」なんだそう。たしかにちょうどいいサイズ感と、丸みを帯びたフォルムが、思わず抱きしめたくなります。子どもたちにも大人気！ ソファーで、ウチのリビングのマスコット的な存在として、活躍してもらおうと思っています。

ちょこんとソファーにたたずんでいる姿。とっても癒やされます！

▼家じかん

リビング＆ダイニングにリースを

母が作ってくれるリースをリビングに飾っています。左の、アナベルだけの、シンプルなリース。今はきれいなグリーンですが、色褪せてアンティークの雰囲気になるのも楽しみです。右はユーカリ・シロタエギク・テトラゴナの、リース。わたしの好きなドライばかりを集めて、作ってもらいました。夏に向けて少しずつ、ウチのインテリアにグリーン、増殖中です。

グリーンでさわやかに夏らしく。

PROFILE DATA

▼お名前
usagi works さん

▼お住まい
茨城県

▼ご家族構成
夫・私・娘（9歳）・息子（6歳）

▼お仕事
主婦・布小物作家

▼趣味、特技
刺繍

▼暮らし、家事へのこだわり
家族みんなが心地よく暮らせることです。自分なりのストレスのない方法を、いつも探しています。そのための情報収集や仕組み作りには、手間や時間を掛けるようにしています

▼今後したいこと
子どもたちや夫に自然と手伝ってもらえるような、仕組み作り

▼暮らし関連の計画
階段下収納を、使いやすく改造したいです

アルカリ性洗剤を薄めて使います。

19

thumoriaさん

thumoria

自分らしく自然体で。気取らないシンプルライフ。

家にいる時間が大好き、という thumoria さん。何気ない日常を大事にされています。

「ツモリア」
http://tumoria.blog27.fc2.com/

近所の昔ながらの食堂。その厨房がピカピカなんです。換気扇はピカピカ、ガス栓も油汚れなし。聞くと、換気扇は、毎日必ず拭いているそうです。コンロやシンク・流し台・食器棚も毎日掃除されているとのこと。40年以上経っても、こんなにキレイを保てるんだ。

掃除の仕方を聞いてたら秘密兵器が出てきました。奥さん、コンロ周りに薄い緑の液体をシュッシュとスプレーして、さぁ～っと拭き取ります。この液体、普通にドラッグストアで売っている、アルカリ性住宅用強力洗剤。それを薄めたものだそうです！ うちにもあるこの洗剤ですが、大掃除のときにしか使っていませんでした。

実際に作って、使ってみると、とても使い勝手がいいです。希釈しているので、使ったふきんを洗っても泡も出ません。2㎝くらい洗剤を入れてあとは、スプレーボトルいっぱい、水を入れて薄めました。このスプレーをコンロ近くにセットして、ちょっとしたときにシュッシュしてコンロ回り、壁・冷蔵庫の外側などさぁ～っと拭き取ることにしました。

▼季節のこと

わが家のサマータイム

6、7、8月は2時間早く起きて、サマータイムを実施中です。今朝は5時起床。お天気も上々、空気も爽やかだったので家中の窓全開。そして歯磨き、顔を洗ったら、録画のラジオ体操をしてカラダを目覚めさせました。その後朝日を浴びながら30分のジョギングとワンコの散歩。シャワーを浴びて、洗濯しながら朝ごはんを作り終わったら8時過ぎでした。早朝から午前中にかけて、まだ涼しくカラダも元気なときに、1日の仕事を終わらせる！ とっても気持ちいいです。

今朝は5時起床で、ワンコの散歩。

▼衣

「痩せたら着よう」は永遠にない

10年くらい前に買ったライトグレーのスカート。真冬以外はよく着ていたのですが、太ったせいで似合わなくなりホックが止められなくなり……。それでも8年間、衣替えのたびに「よく似合ってる」って言われた頃が忘れられず、「痩せたら着よう」「いつかは着れるかも」と、ずっと処分できないままでした。

去年、5キロのダイエットに成功したので衣替えでワクワクしながら取り出し、着てみたのですが……なんか違う、サイズは大丈夫だけどなんか古くさい。それに茶色いシミも発見。やはり処分をすることにしました。長い時間かかったけど、納得して処分できてよかったかなと思っています。

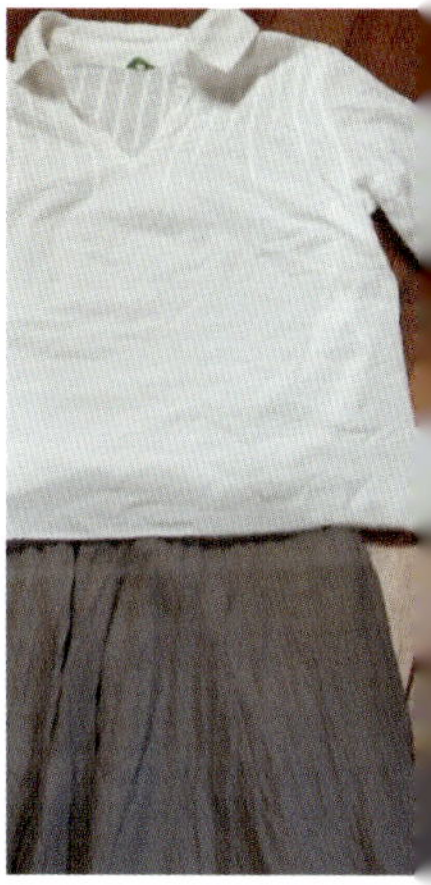

ずっと捨てられなかったスカートです。

▼小さな工夫

「5週間やりくり」でミニマムな暮らし

今月から食費で「5週間やりくり」を始めました。

夫婦2人、1週間の食費を8000円ときめて1カ月の給料から、5週間分40000円を予算設定することにしました。

毎月の給料から40000円×12か月分で48万円の予算で、実際には8000円×52週で41万6千円の支出となり6万4千円が残ることになる……はずです。早速5週間分を袋分けしました。今まで食費は収入の範囲内でとおおまかに考えていてきっちりと予算設定なしで回していました。今回予算設定してみるとスーパーで買い過ぎることが少なくなったし、なんとか冷蔵庫にあるもので、メニューを考えてお金を使わない努力をするようになりました。習慣化するようがんばりたいと思います。

「5週間やりくり」で暮らしを整えていきたいです。

▼掃除、片付け

お風呂の水気を拭き取る

うちのお風呂掃除、はっきりいってズサン、でしたが、「お風呂を使ったあとは、水気を拭き取る」というやり方を知って、目からウロコ。1カ月ほど前から、うちも拭き始めました。

鏡・バスタブ・洗面器・イスなど水滴が取れる程度にさぁ〜っと。拭き始めると、水滴が付いている状態がものすごく気になり始めます。今まで平気だったのに、水滴が付いてるとなんだか汚れが付いている、そんな感じまでしてきました。

拭き取りに活躍しているのは使い古したビッグフェイスタオルです。お風呂場を拭いたら、その後、そのまま洗濯機で洗濯しちゃいます。お風呂を使った後、水気を拭き取るという作業、面倒だなと思ってましたが、習慣化すると意外にも苦痛ではありませんでした。

使い古したビッグフェイスタオルが便利です。

PROFILE DATA

▼お名前
thumoriaさん

▼お住まい
千葉県

▼年代
年金生活が見えてきた50代後半です

▼ご家族構成
夫とミニチュアシュナウザーとふたりっぴきで暮らしてます

▼住まい
築13年になる戸建住まいです

▼お仕事
昨年6月に仕事を辞め、現在専業主婦になり1年経ちました

▼趣味、特技
寄せ植え、友人との街歩き

▼好きな家事
しいていえば食事作り

▼苦手な家事
水回りの掃除すべてが苦手

▼挑戦したいこと
ミシン縫い

▼時間があったらやりたいこと
夫婦2人で北欧旅行

▼今の暮らし関連の悩み
夫婦ともに大病を経験しているので、健康で穏やかにすごすためのライフスタイルをどう築くか

洗って何度も使える「ガーゼティッシュ」を愛用。もらったポケットティッシュは木製のボックスに詰め替えて使います。

20

トモさん

tomo

小さいことでも暮らし向上になるように♪

ひとり暮らしが向いているというトモさん。きちんと暮らしを整える工夫がたくさん。

「Tomo's daily life !」
http://tomosdailylife.com/

もう5年以上ティッシュペーパーを買っていないわが家。わが家っていってもひとり暮らしなんですけどね。

買ってないといっても、全く使わないってことはないです。お店や街頭とかでもらえるポケットティッシュはありがたく使っています。もらえるティッシュだけで充分足りてて、洗って繰り返し使えるガーゼハンカチをティッシュのような用途で使っています。鼻をかむのは使い捨てのほうのティッシュ、こぼしたものをちょっと拭いたり、食事のときにちょっと使ったり、メイクのときに必要になった場合はこの「ガーゼティッシュ」が出番です。

もらったティッシュは木製のボックスに詰め替えて。ガーゼティッシュは100均のワイヤーかごに。このガーゼは5年前に10枚1000円ちょっとで通販で購入。1年に1回くらい、200円ちょっとでボックスティッシュ1組買うことを考えたら元が取れました。長く使わないと節約にならないけど、ゴミは減るし、肌にやさしいし、いいことばっかりなんで、余裕で長く使っていけましたよ。

▼小さな工夫

あの家事いつやった？

今日はお風呂の本格的な掃除をして、午後からは、年末大掃除でできなかった、スチームモップでの床掃除に取り掛かろうとしてます。今まで、掃除をした日とか、シーツの洗濯をした日とか、美容院に行った日とか、家計簿のカレンダーで管理することが多かったですが、スマホアプリって便利ですね。今は、家事をした日を登録して、そこから何日たったかをカウントしてくれる「DateClips」というアプリで管理してます。

「あれ？　いつやったっけ」ってわからなくなって、長いこと放置してしまう家事や、家事じゃないけど美容院に行った日とか、化粧品、シャンプーを開封した日、歯ブラシを交換した日も。これらはコスパ管理のためですね。あまり短い期間で使い切らないようにと。簡単にチェックできるとやらなきゃならないルーチン家事をやり忘れることもなくなるし、暮らしレベルアップ、できたなって思う。

スマホアプリで家事のスケジュールなどを管理。

▼小さな工夫

キッチン虫よけ対策

気温が高くなってくると、虫よけ対策にも気を使います。一昨年までは、キッチンの虫対策は、ごみ箱のふたの裏に貼り付けるのとか、スプレーでシューとするのとか、置いといて虫を取るのとか、なんだかんだたくさんドラッグストアで買ってました。でも、去年から2つの対策に変えたら、どんな虫よけ対策商品よりも効果大で。なんかすーごくスッキリしました。

ひとつはハッカ油。ミントの香り。これをごみ箱に1日1滴くらいたらしておく。虫が来ないうえに、いい香り。もうひとつは、調理時に肉や魚類のゴミが出たら即、袋に入れて、ごみを出す日まで冷凍庫にしまっておくこと。去年はこの2つの方法で、虫を1匹も見ずに済みました。これからもそうするつもり。

虫よけできるうえ、香りもいいハッカ油。

▼小さな工夫

切り花のコスパを上げる

たまに、近所のスーパーの中にあるお花屋さんで、1本とか2本だけ飾ってても様になるお花を買います。お花があると、なごみますよね。風水的にもお花っていいみたいだし（↑風水も好きなわたしです）。

このガーベラ、一度も水換えしてないんですけど、買ってきたのは、1週間前！　今日もきれいでわたしはなごんでます。何をしているかというと。ほんの1、2滴、漂白剤を入れているんです。台所用の、漂白や除菌をする塩素系のやつです。これを入れるだけで毎日水換えするより長持ちです。

普通の塩素系漂白剤を1滴で長持ち！

PROFILE DATA

▼お名前
トモさん

▼年代
アラフォー

▼ご家族構成
一人暮らし

▼お仕事
OL

▼趣味、特技
家でするセルフジェルネイル。セルフだと気軽にできます

▼好きな家事
お弁当を詰めること。でもおかずを作る方は苦手だったりします

▼苦手な家事
お料理

▼挑戦したいこと
リビングか寝室の壁紙を一面だけ変えてアクセントつけてみたいです

▼時間があったらやりたい家事
初めての、服の染め直し

▼今の暮らし関連の悩み
いったいいくらお金を貯めれば、ずっと安心して暮らしていけるんだろう、ってわからないのが悩みです

▼暮らし関連の夢
一人暮らしのままおばあちゃんになってもずっと今みたいに心地よい暮らしができてたらいいなって思います

21 linenさん

linen

シンプルライフが理想。整理収納の工夫で家事をもっと楽に。

セオリーを気にしない
整理収納アドバイザー、linen さん。
楽々家事のコツをたくさんお持ちです。

「Linen Style...」
http://linenmore.exblog.jp/
「脱力シンプルライフ by Linen Style」
http://linen2.exblog.jp/

ハサミはどこで使いますか？ 収納の〝お手本〟に「モノを分類する」とあったりしますが、それがいいとは限らないんです。ハサミはどこで使うか……？ 我が家ではダイニングテーブルで使います。買ってきたもののタグとか包装を切ったり。それから……キッチンで使います。キッチンでの開封作業って意外と多いですよね。そして納戸でも使います。新聞紙をまとめたり、ガムテープで荷物を梱包したり。ガムテープ専用バサミも置いています。そして、寝室のクローゼットでも使います。服のほつれをカットしたり。……ってことで、使う場所すべてにハサミを置いてます。「戻す」動作の抵抗感がなくて、ハサミを探すってことがなくなります。

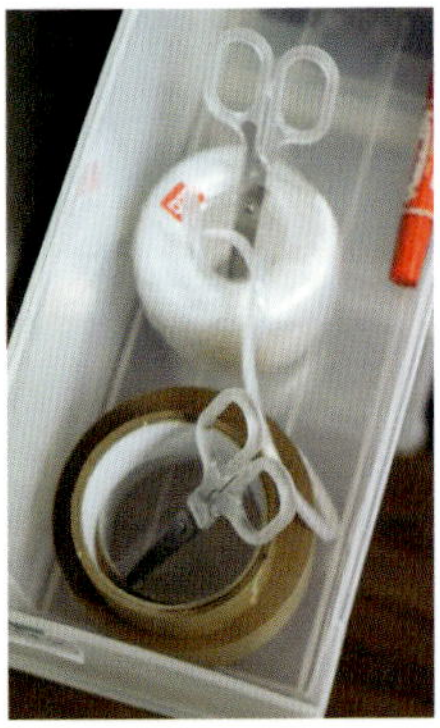

使う場所すべてにハサミを置いています。

▼収納

レジ袋、畳む？畳まない？

収納ノウハウで「レジ袋を三角に畳む」というのを見ます。でも私はもちろん、畳みません。くるっと軽く結んで、ポンと入れているだけ。その理由は、畳むなんて面倒だから。使うときもすぐ広げたいから。あんまりたくさんないので、畳まなくても入るから。

ちなみに、我が家のキッチンでは、シンクの横にこんなスペースを作っていて、レジ袋、排水口ネット、ゴミ袋と並べています。どれもただドサリと入れてあるだけです。

素敵な収納についつい憧れて、しかもそれが「丁寧な暮らし」に見えて、同じようにしちゃうことがあると思います。でも、マネするにしても〝自分なりの理由〟がないと、かえって暮らしを不自由にするだけになりますよね。たかがレジ袋の収納でも、いちいち考えてみることが必要だと思うんです。

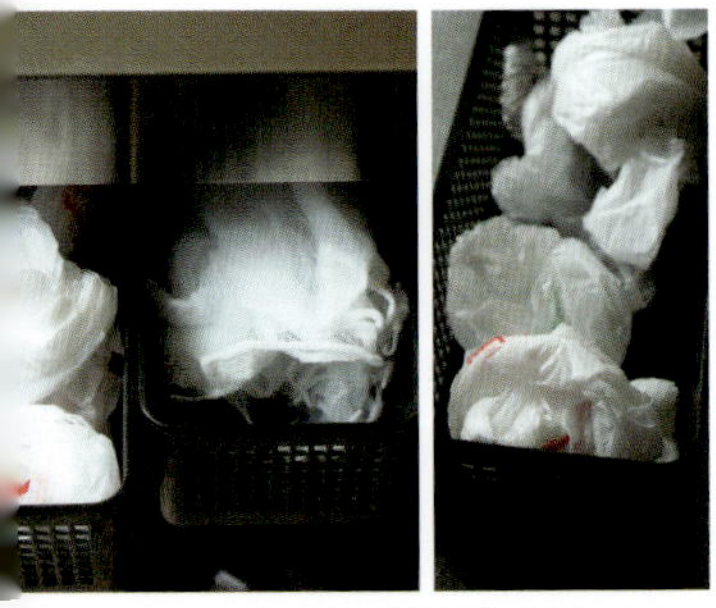

たかがレジ袋収納だけど、ひとつひとつ考えてみることが大事です。

▼収納
「食器は食器棚に」とは限らない。

朝ごはんの支度は、できるだけサッとしたい。食器棚は、シンクの反対側にあるので、器を出すにはキッチンから回っていかなくてはなりません。たいした距離じゃないけれど、朝の支度にはわずらわしいもの。そこで朝食に使う器だけは、棚の上に置くことにしています。

朝食はいつもワンパターン。だから使う器も毎日同じ。それをカゴにセットして棚に置けば、食器棚側に回らなくても取り出せます。

朝食の器は棚の上に置いておく。

▼小さな工夫
服の予備ボタンを、「謎」にしない

服を買うとついてくる、予備ボタンや共布って、後でどの服のかわからなくなっちゃたりしませんか？

そこで私はこんな風に。ジッパー袋がついていれば、ボタンと一緒にタグを入れちゃいます。袋に入れにくければ、タグをホチキスなどで一緒に留めたり。ブランド名や素材表示があれば、だいたいどの服かわかりますね。そして服を手放すときに処分します。

そもそも、予備ボタンなんか使ったことはない気がするけど、かといって捨てるほど思いきれないから、せめて「謎」のボタンをいつまでも持っていることのないように。

タグがあれば「謎」でなくなります。

▼収納
「使う人別」に分ける

文房具は長らく、ざっくりとひとまとめに収納していたのですが、そのボックスを棚から出すのが重く感じ始めて。小分けして軽くしたいと思いました。

まずは、めったに使わない「Bの下」くらいのランクのものを取り出してみます（私はものを使用頻度別にA、B、Cランクに分けています）。「Bの下」のものを棚の奥に入れて。それから、残ったものをじーっと見ると、夫も私もよく使うものと、ほとんど私しか使わないものがあることに気づきました。使う人別に分ければ、難しい理屈での分類よりわかりやすそう（夫が）。年齢とともに、重いもの、大きいものが面倒になり、収納も見直しが必要になってきています。

上／重いものがおっくうになってきました。下／使う人別に分けます。

PROFILE DATA

▼お名前
linenさん

▼お住まい
東京都

▼年代
50代

▼ご家族構成
夫婦と愛犬1匹

▼住まい
一戸建て

▼お仕事
整理収納アドバイザー

▼趣味、特技
写真を撮ること。ウクレレを始めたところでただいま練習中

▼好きな家事
モノの整理整頓、収納の見直し

▼苦手な家事
家事全般が苦手、特に掃除は嫌いです

▼挑戦したいこと
なかなか思うような収納家具などが見つからないので、DIYで作ってみたいです

▼今の暮らし関連の悩み
特にありませんが、強いていうなら犬の散歩にいいコースが近所にないこと

▼暮らし関連の夢
犬と暮らしやすい環境のいいところに住みたい

22

chieさん
chie

片付けやすく心地よい部屋と収納を研究中。

我が家の本の適量はこれだけです。

「毎日過ごす住まいを心地よく」をテーマに、片付けやすい仕組み作りに取り組むchieさんです。

➡「おうちのなかみ」
http://ouchinaka.exblog.jp/

ここには、普段あまり読まない本を収納していて、ジャンルごとにファイルボックスに入れています。読み返したいときもジャンルごとに分けていると、迷わず取り出せます。また、整理するときも、短時間でできます。整理したいジャンルのファイルボックスの中身をその都度見直すだけです。例えば、前年度の教科書なども、ここに一時保管して、期限を決めて処分しています。その際は、教科書のファイルボックスだけ整理すればＯＫ♪

収納スペースは、限られているので、ここに収納できる量が我が家の本の適量です。

先日、姉に貸していた本がたくさん返ってきたので、久々に本棚の整理をしてみました。貸していたモノが返ってきたり、お下がりなど、大量に新しいモノが家の中に入ってきたときは、おうちの中を見直す良い機会！　その都度、ため込まずにやると短時間で終わります。今回の私の整理時間、5分です。

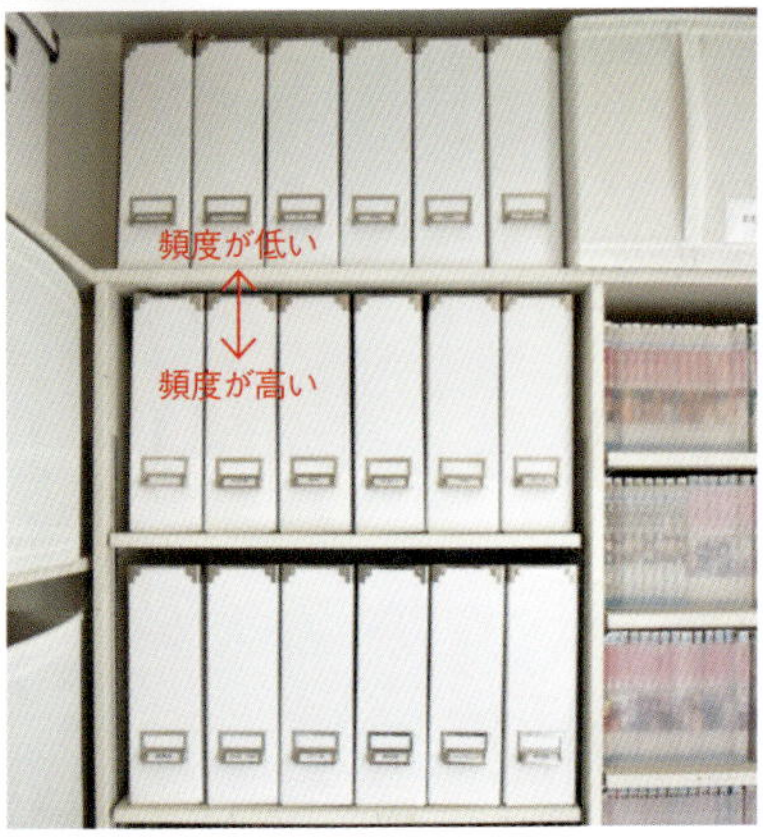

上／ジャンルごとにファイルボックスに。下／読み返す頻度が低いジャンルは、取り出しにくい上へ。使用頻度の高いジャンルは、下のほうに入れ、すぐ取り出せるようにしています。

収納
食器収納見直し

食器収納を見直しました。スペースの都合上、今までは、大皿にはほかの食器も重ねていたので、使うときは上のお皿を持ち上げる必要があり、少し面倒でした……。そこで、大皿（右下のお皿は直径30㎝あります）もすっぽり入るような、ラックってないかなぁ～??と考えていて、たまたま子ども部屋で使っていた無印のポリプロピレン収納ラック薄型（幅37×奥行26×高さ9㎝）をこんな感じで置いてみたら、いい感じに収まりました。ほんの少しの見直しで、家事時間が心地よくなるし、改めてアクション数（使いたいモノを使うまでの行動数）が少ないって快適です。

大皿をすぐに取り出せるようになったので快適です。

掃除、片付け
我が家にもルンバがやってきた

ついに我が家にもルンバがやってきました♪ 強力な助っ人を手にした気分です！ 39坪程の我が家ですが、約2時間で全室お掃除してくれます。コード付きの大きい掃除機でほぼ毎日全室掃除していた私。時間にして15～20分くらいかな。そのくらいなら別にお掃除ロボットがいなくてもいいかなぁ……と思いますが、ほかの家事をしている間に掃除機がけが終わっているって、本当に嬉しい！ 今は、階段やルンバが入れない狭い箇所だけ、マイクロファイバークロスでサッとほこりを取っています。今まで面倒に感じていた窓枠などの拭き掃除にも手が回るようになって、結果、家の中がよりきれいになりました！

ラグの段差も乗り越えてくれます。

収納
思い出ボックスに収納しました

思い出深くてなかなか捨てられない子ども関連の品々。収納スペースを確保しました。まず、ファーストシューズや、哺乳瓶、おもちゃや絵本、思い出深い洋服などは、IKEAのボックスにまとめて収納することにしました。娘、息子とそれぞれひとつ。ここに収まるものだけ保存していきたいと思っています。

それからお手紙を書きたいお年頃の子どもたちが、日々お手紙を書いてくれてあふれていたお手紙も、すこーし、厳選させてもらって、無印で買ってきたアルバムに収納したらスッキリ☆思い出の品々は適量をキープして、大事に残していけたらなぁ～と思っています。

思い出ボックスは最上段に置くことにしました。

PROFILE DATA

お名前
chieさん

お住まい
茨城県

年代
30代

ご家族構成
夫、私、娘（6歳）、息子（4歳）

住まい
持ち家（3LDK）

お仕事
パート

趣味、特技
ガーデニング、整理収納

好きな家事
掃除

挑戦したいこと
整理収納アドバイザー1級取得

時間があったらやりたい家事
パン作り

今の暮らし関連の悩み
パンやお菓子作りなど料理の幅を広げたいなぁ～と思う今日この頃なんですが、普段の食事を作ることだけで、一杯一杯になっているのが現実です……

暮らし関連の夢
これからもライフステージに合わせて、定期的にモノと向き合い整理収納を通して住空間を心地よい状態に保っていきたいです

ようやく買い替えた新しいキャビネット。

23
うささん
usa

日々の生活の中でちょっとした楽しみを見つけたい。

仕事をしながらも
無理をせず穏やかに
暮らしたいといううささん。

ずっと前から買い替えたいと思っていたリビングにあるキャビネットを買い替えました。もともとリサイクルショップで買ったキャビネット。だいぶ消耗が見られ、天板が少し外れてしまうのをなんとか使ってました。傷もたくさん。買い替えたかったのだけどなかなかこれだ！　というものに出会えず。ネットで探してみたらやっとこれだ！　と思うものに出会いました。日本製で天然木を使っているので木の香りが良いです。木目も気に入りました。

それでも古いキャビネットに愛着はあります。長い間ずっと使っていたんだもんね。食器を入れていた頃、ずいぶん使い倒しました。オーディオを入れていた頃もあったね。ずいぶん使い倒しました。だから手放すことに後悔はないです（あはは、大袈裟ね）。明日の夜、業者が引き取りに来てくれます。

私、思うのだけど　部屋の雰囲気に合わないからと、まだきれいなのにすぐ捨てちゃうのはどうかと思う。だって、モノにも命があるんだもの。もし雰囲気に合わなくなってもどこかで使い回しができないかと、とことん考えたい。それでも答えが見つからない場合は潔く処分になるのだけど。断捨離ブームだけど、これが私の断捨離の目安です。

上・左下／書類やCDや化粧品類の収納として使うことに。
右下／ずっと長い間使っていたキャビネット。とことん使い回したので手放すことに後悔はありません。

▼自分のこと

にこにこ笑顔の人生の先輩

私が現在勤めているデイサービスをご利用なさる方の年齢は60代～90代まで。その中に私が目標としたい女性の利用者さんがいます。

80代で1人暮らし。お子さんはいますが旦那さんに先立たれ、1人暮らしのほうが気楽だと自立され、穏やかに生活されています。デイに来るといつもにこにこ笑顔。多少認知症になっている利用者さんとも和やかに上手に会話されていて、職員全員が感心するほど。私がお風呂介助をさせてもらうときも「朝風呂なんて贅沢だわね～いつもありがとうね」といつも感謝の言葉をかけてくれます。お風呂からあがり、下着をつける前に私の顔を早く見たいからとメガネをつけ、その次は私の声を早く聞きたいと補聴器をつけます。それまで裸のまま（笑）。そんな、おちゃめなことをおっしゃるかわいい女性で。「私も歳をとるならこんなふうにかわいくいつも笑顔でいたい」と思います。

ここに勤める前は療養型の病院で12年介護の仕事をしていたのですが、やはり、にこにこ笑顔の患者さんには よくご家族がいらしています。介護病棟にいたときも、今のデイサービスの仕事に携わっていても思うことは「かわいく歳をとること」。これに尽きるといつも思います。にこにこ笑顔でいられる場面、増やしていかなきゃ。

▼自分のこと

ひとりホテルライフもいいものね

先日、所用でひとりでシティホテルにお泊りしたんですよ♪ やってみたかったのよ。ひとりまったりホテルライフ♪

女性に人気のホテルなんです。午後の3時過ぎチェックイン。私の泊まった階は女性専用フロアで、部屋は小さいけれど、私だけの空間。癒やされました。よい香りのする入浴剤でお風呂に入って。こんな時間、贅沢だわよね。ゆったりしたベットで朝までぐっすり。

寝坊をしようかと思ったけれどいつもの習慣で朝6時に目が覚めてしまって、朝食に焼き立てのパンとおにぎりもいただきました。充実したひとときでした。

部屋の窓から新幹線も
東海道線も見えました。

▼家族のこと

娘と過ごす日々

娘が帰省して、早いもので10日。お婿さんの「実家で、しばらくゆっくりしておいで」という言葉にしっかり甘んじて、こちらでまったり～のんびり過ごしています。

娘が18歳のとき、東京の学校に出して以来こちらに帰ってくるのは、年に数回。

今回もどこへ行くわけでもないのに居てくれると嬉しくてついつい長居させてしまう。

独身ならそれが通るけれど、そろそろ帰さなくちゃいけないね。

娘からこんなことも聞きましたよ♪「若くいたいなら怒らない」のがいいのだそうです。そういえば、職場で一緒に働いていた当時63歳の看護師さんだけど、小学校5年生のときに怒らないと決めたそう。それから一度も怒ったことはないそうで。信じられないと驚いたけれど確かに、その看護師さん、いつもにこやかで笑顔も素敵で若々しかった。何度かプライベートでもご一緒させてもらったけれど本当に穏やかな方で一緒にいると私も癒やされたような気分になったのを思い出しています。若くありたければ怒ってはいけない。なかなかできることではないけれど納得です。

PROFILE DATA

▼お名前
うささん

▼お住まい
静岡県

▼ご家族構成
息子と2人暮らし

▼住まい
賃貸住宅、3LDK

▼お仕事
介護福祉士。現在デイサービスに勤務

▼趣味、特技
趣味はパッチワーク、ガーデニング。特技はフラダンス、美容師

▼好きな家事
洗濯

▼苦手な家事
料理

▼挑戦したいこと
ヨガなど体によいことをしてみたい

▼時間があったらやりたい家事
断捨離、整理整頓、模様替え

▼今の暮らし関連の悩み
仕事で毎日残業なのでもう少し休みがほしい（時間がほしい）

▼暮らし関連の夢
自分の部屋をホテルの部屋のようにシンプルにすっきりさせたい。定年後か、時間があったら手芸に没頭したい

私はGoogleカレンダーに月齢を取り込んでいます。

24

みうさん
miu

ヨガの知恵を生かし シンプルにリラックスした暮らし。

ヨガインストラクターのみうさん。シンプルに生きるための心がけや習慣、真似したくなります。

➡「ヨガとシンプルライフ」
http://www.yogasimplelife.com/

「新月の日に自分の願いを紙に書くと叶う」という話を、ヨガのお友達に教えてもらって以来、新月の日には、自分の気持ちをいろいろと紙に書き出すことを習慣にしています。厳密にはいろいろな決まりごとがあるようですが、私はそこまで守っていません。

●これからやりたいこと
●こうなればいいなと思うこと

など、今思っていることを自由に書いています。そして、先月書いたことを見直して、それが叶っていたら感謝の言葉を。「紙に書く」ということは願いを叶える方法として、本当に基本的なことなのかもしれません。

今日はそのノートを最初のページからぺらぺらと読み返してみました。

するとびっくり。結構、書いたことが実現していました。仕事関係のことだったり、プライベートなことだったり。紙に書くことで思っていることが目に見える形となり、そこから実現に近づくのかな。

ノートには願い事だけじゃなくて、気になったことや、言葉なんかを雑多に書いているのですが、その中に走り書きでこんなメモが。

……今この現実は、「いつか」の私が願っていたこと。だから今ここは、すべての願いが叶っている、完全に幸せな状態。……瞑想の直後に思いついたことを書いたようです。

「今」を見直してみると、確かに「いつかの自分」が願った状態が叶っているということなのかもしれません。

ノートは無印良品のA6のノートにカバーをかけて。スケジュール帳は使っていないので、このノートに思ったこと、思いついたこと、なんでも書いています。

▼自分のこと

自然治癒力を高めるために

私が「ちょっと調子悪い」「痛い」「寒い」「だるい」「辛い」などと感じたときにやることをご紹介します。

●まずは深呼吸です。頭痛など痛みの反応が出たときには、まずは深呼吸。私がヨガで一番伝えたいこともまずはこれです。

●体を温める。当たり前ですが、体が冷えると免疫力も下がります。

●体を緩める。ストレスや体の緊張には、ヨガやストレッチ以外にも、手を当てる・自分で体をさする（なでる）、というのも有効。

●感謝する。「痛い」「辛い」とき、私の場合たいていネガティブの渦の中にいます。そのネガティブループを断ち切るひとつのきっかけが「感謝」です。しんどい最中でも呼吸ができていること、寝る場所があること、なにかひとつでも感謝できることを見つけてみる。

●笑う。大笑いをするのももちろんよいと思いますが、私は笑みが自然にあるときが、リラックスして身体もよい状態なんだろうなーと感じます。

つらいとき、この5つを思い出すようにしています。

▼自分のこと

丁寧な暮らしとは、深呼吸そのもの

週に1度「体のテーマ」を設定し、それにそって、暮らしと体を整えてみる。ということをやっています。そのテーマ、今週は「息を吐き切る」でした。夏の暑い空気の中、とつい浅い呼吸になっている。これじゃあいけないと思って深呼吸を心がけるのだけれど、吸おうにも暑くてもわっとした空気はたくさん吸えない……。そう思って、まずは「吐き切ること」を今週のテーマにしていました。

その中で、私にとっての「丁寧な暮らし」とは「深呼吸する暮らし」なのだと気付きました。

不思議と、呼吸をゆっくりと丁寧にすると、そのあとの行動も少しいつもよりも気を配ることができる。だから私にとっての「丁寧な暮らし」とは呼吸から始まるようなもの。どんなに忙しくったって深呼吸はできます。5分が無理なら1分でも意識して呼吸する。普段から呼吸を深く暮らしていきたい。いろんな物事ももう少し丁寧にしていきたいと思うのです。それがこれからの課題。

PROFILE DATA

▼お名前
みうさん

▼お住まい
京都府

▼年代
30代

▼ご家族構成
夫と仔猫1匹

▼住まい
戸建ての賃貸　2LDK

▼お仕事
ヨガインストラクター

▼趣味、特技
ヨガ、読書、散歩

▼好きな家事
掃除（箒で掃くのが好き）

▼苦手な家事
洗濯（干す、畳む）

▼挑戦したいこと
苦手なヨガのポーズ

▼時間があったらやりたい家事
畑仕事（時間というより場所）

▼今の暮らし関連の悩み
猫が家に来てから少し寝不足

▼暮らし関連の夢
窓からの景色がたくさんの緑であるところに住みたい

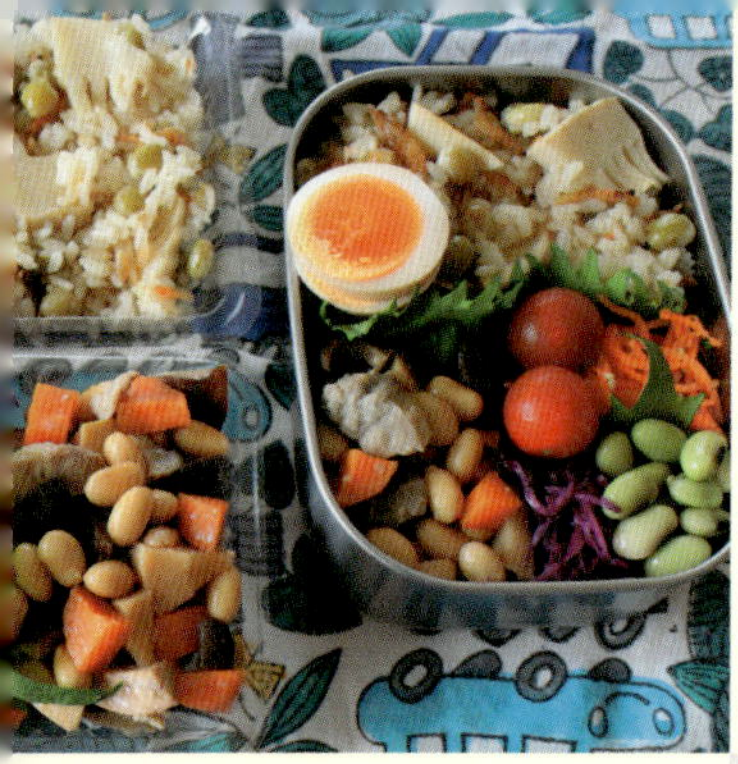
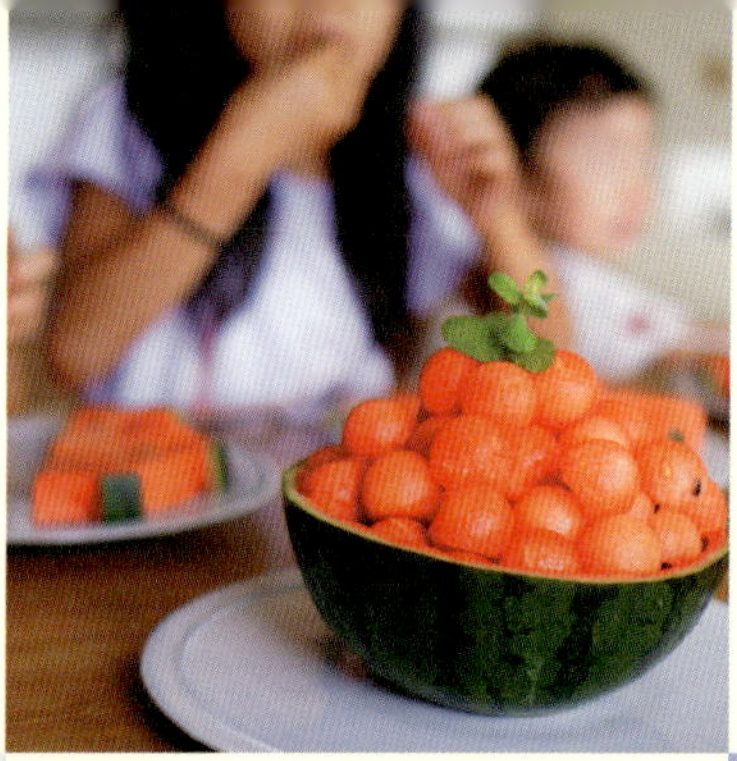
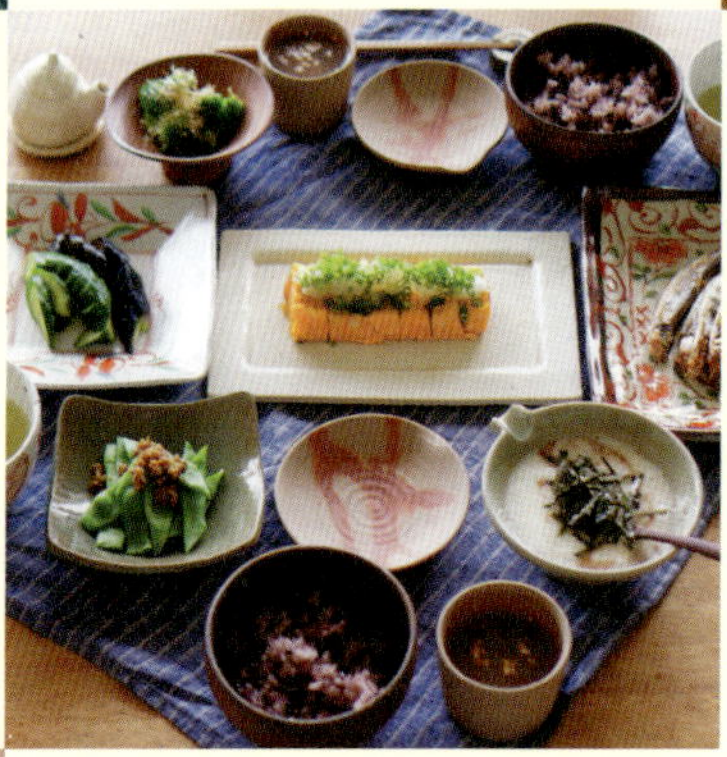
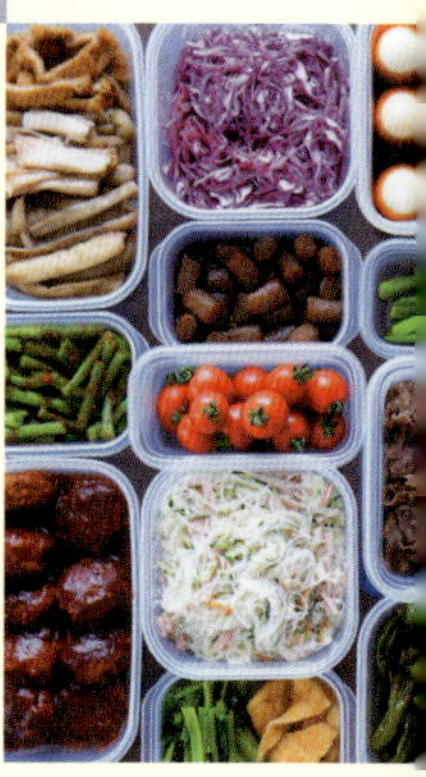

3 食を楽しむ

食は生活の基本。
自分と家族のために、
おいしく楽しく
身体にいいものを食べたい。

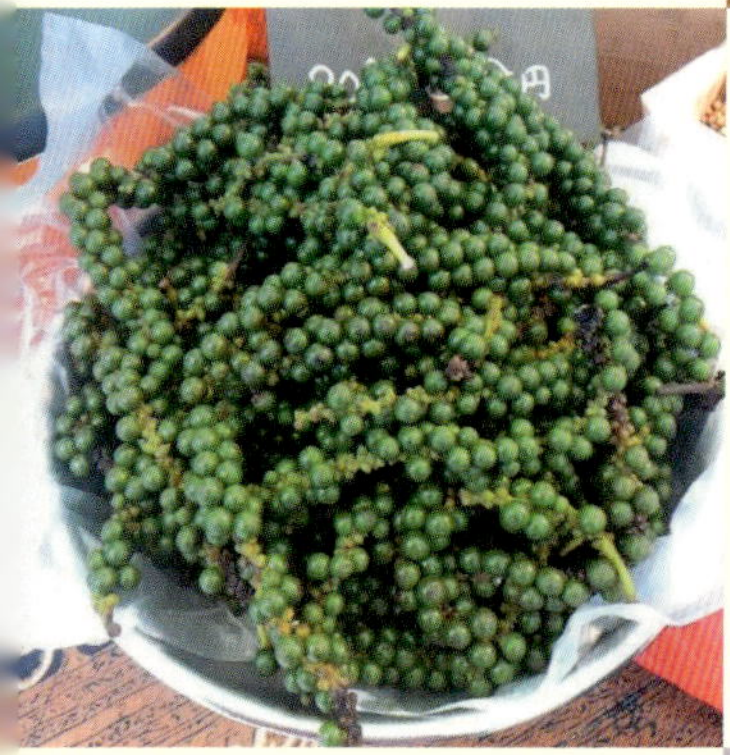
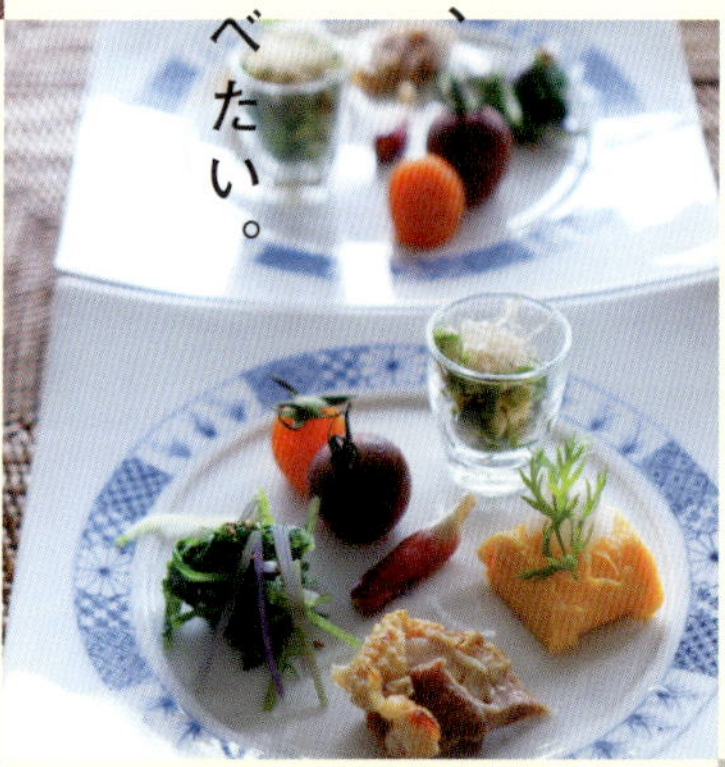
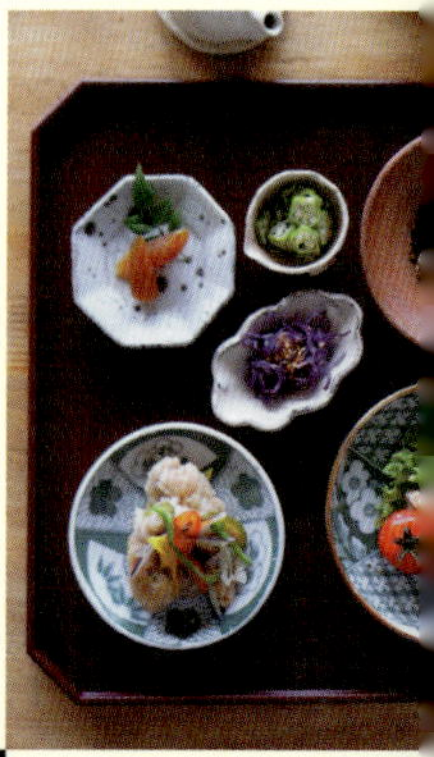
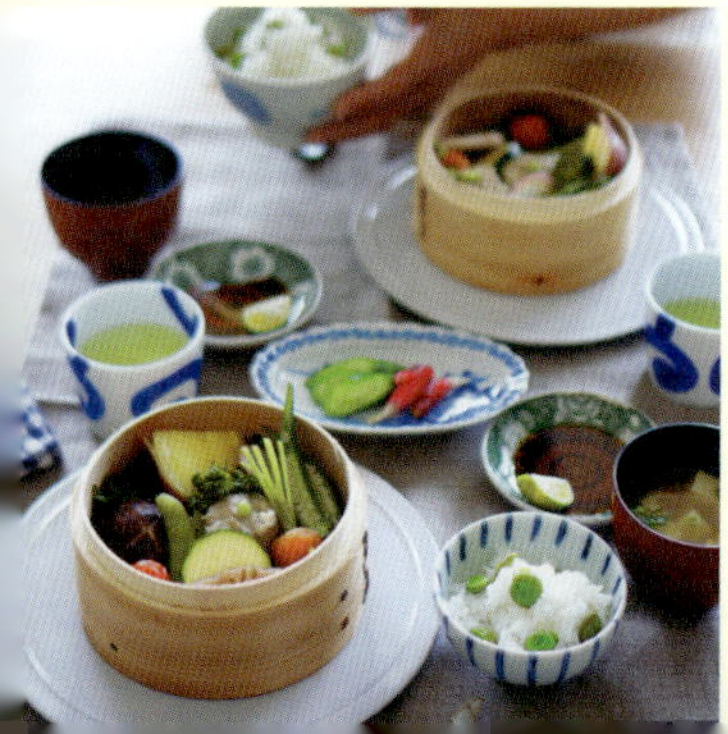
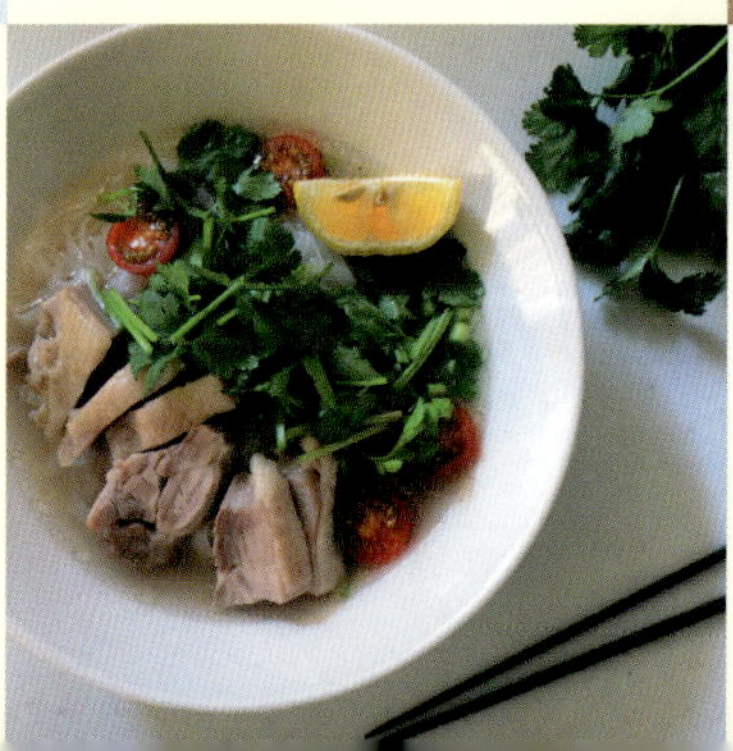

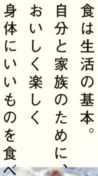

25

みゆさん
miyu

お料理もイエシゴトと思うと楽しくできます。

デンマークの陶器メーカーKählerのフラワーベース「オマジオ」にアジサイを。何にでも合います。

作りおきをしたり、好きな器を使ったり。子育てを終えて、イエシゴトを楽しんでいるみゆさんです。

「Smart chic」
http://smartfoppishdays.blog.fc2.com/
Instagram「@cherymomo」

アジサイがきれいな季節です。去年の自分へのお誕生日プレゼント、Kähler（ケーラー）の「オマジオフラワーベース」ミディアムに、あまりに大きなアジサイを飾りました（笑）。

今週の常備菜。お休みの日はまとめ買いして、1週間分の献立決め、そして作りおきをしてます。

職場の妊婦さんが「切り干し大根食べたーい」と言ってたので、我が家は娘が好きで、よく作るのでおすそ分け。暑い夏はお腹大きいと大変だし、妊娠中は食べたいものも限られてくるだろうから、少しでも楽になってもらえたらなぁ～って！ ついでにポテサラも！ 昨日持っていったら「ヤバっ!! 味付けがドンピシャでおいしかったです!! ○○さん（私）の娘になりたい（笑）」ってLINEが来ました。うれしいね～。

上／今週の冷蔵庫。水出しコーヒーがスタンバイ。　左下／長年やってきた常備菜作り。夕食作りの時間が短縮できます。　右下／先週の常備菜。ゆでトウモロコシやそら豆など。金曜にメニューを考え、土曜に買い物、日曜の午前中にダーッと作ります。大事なのは、家族の予定を聞いておいて、余らせないよう、量を作りすぎないことが大事です！

▼モノ

ずっとほしかったお皿がやってきた！

ずっとほしかった、北欧のアラビア社のお皿「ブラックパラティッシ オーバルプレート」！　今朝はウキウキ起きました〜。このプレートを使うんだ！と……（単純）。うれしくて写真を撮りまくり。

このプレート、一番似合うのはカレーのような気がしてる。どちらにしても……「料理ベタがごまかせるプレート」なのは間違いない！（笑）

久しぶりにテンションの上がったお買い物でした。

上／料理ベタがごまかせるプレート！（笑）
下／アラビア社の「ブラックパラティッシ」のプレート。

▼季節のこと

たこ飯ととうもろこしご飯で旬をいただく

CMを見たときから絶対に作ろうと思ってた、だし炊きたこ飯！これはうまい！　娘も絶賛でした。関西地方では、半夏生（7月2日くらい）にたこを食べる習慣があるそうですね。インスタで知りました。

そして今朝は、とうもろこしご飯！　いつもお取り寄せしてるとうもろこしが届いたので。これまた夏の食卓を彩る朝ごはんです。おいしい！

どちらも今回はSTAUBで炊きました！　18cmで2合炊きます。ご飯は、炊飯器でも、土鍋でも炊くのですが、STAUBが一番おいしい気がします

旬を取り入れて暑い夏を乗り切りましょうー！

上・左下／たこと枝豆をのせて炊きます。おいしい！
右下／お取り寄せしてるとうもろこしでとうもろこしご飯！

PROFILE DATA

▼お名前
みゆさん

▼お住まい
埼玉県

▼年代
50代

▼ご家族構成
夫・娘

▼住まい
3LDKマンション

▼お仕事
事務職

▼趣味、特技
趣味はお菓子作り・テーブルフォトを撮ること、特技は色々なことを一度にやること

▼好きな家事
洗濯

▼苦手な家事
アイロンがけ

▼挑戦したいこと
お料理教室へ行ってみたい

▼時間があったらやりたい家事
お菓子やパン作りの材料や型の収納を使いやすく考えたい

▼今の暮らし関連の悩み
キッチンが狭いこと！　壁面収納に憧れます

▼暮らし関連の夢
将来はミニマルな暮らしが出来たら素敵ですね

右／私的には1年分の新しょうがの甘酢漬けが完成！　上／早めに瓶の消毒をやっておくと便利です。

26

YUKAさん
YUKA

週末イエシゴトと称して手作り保存食や常備菜作りを楽しんでいます♪

仕事に持っていくお弁当用に常備菜を作っているYUKAさん。季節を感じる保存食作りが素敵です。

「YUKA's レシピ♪」
http://yukarecipe.exblog.jp/

去年も作った、新しょうがの甘酢漬け。できれば仕込む前に、早めにやっておくこと……それは瓶の煮沸です。

大鍋の底にふきんを入れて瓶とふたを置き、水を入れてしばらく沸騰させてから、ザルにあけて乾かしておきました。今回はついでにジャム用のも煮沸。そして新しょうがは、黒い部分はこそげとり、赤い部分は残します。ほんのりピンクにするためには必要な部分なのです。

次に甘酢を作ります。今回作った甘酢の分量は、酢2カップ、砂糖大さじ10強、塩小さじ1強。これを全部鍋に入れて煮きりました（ちょっと沸騰させてすぐ火を止める）。それをボウルに入れておきます。次に新しょうがをスライサーでスライス。30～40秒ゆでたら、ザルにあげて水気をきり熱いうちに甘酢に漬けます。で、瓶詰めしました。ほんのりピンクになって、今年も成功です。冷まして冷蔵庫保存。中瓶2つと小瓶2つ。計4つにぎっちり詰めました。私的には1年分です。

上／今回仕込んだ量です。　左下／軽く茹でて水けを切ったら熱いうちに甘酢に漬けます。　右下／ほんのりピンク色にできました。

▼季節のこと

今年も作ったラッキョウ漬け。

今年もやろうかなって思っていたラッキョウ漬け。買ってきた1kgのラッキョウ、大きなたらいに入れて根と皮をむいて。沸騰したお湯を生ラッキョウにさっとかけて水気をきっておきます。この沸騰したお湯かけ、イタリアンの落合シェフも本でいわれてましたが、野菜の消毒になるそうです。バジルのオリーブ油漬けのときのバジルとかね。そうすると傷まず保存状態もよくなるそう。長期保存をする場合はこの工程はしたほうがいいかなと思います。もちろん、よく水気をきることも重要です。

次に、穀物酢500㎖、水150㎖、砂糖350〜400g、塩小さじ1を鍋にかけて一度沸騰させて冷まします。煮沸した瓶にラッキョウを入れて、冷ました液を注ぎ、赤唐辛子3本を入れて出来上がり。さ、これも1年分♪

やっと毎年恒例の初夏の保存食がおおむね終了。梅雨時期は食材保存にいろいろ気を使いますが雨で家にいることも増えるので、イエシゴト向きですね♪

ラッキョウ1kgを漬けました♪

▼作りおき

かぼすポン酢と昆布だし

今日は調味料作り。かぼすポン酢と簡単昆布だし。まずは、「丸藤」さんの削り節と昆布をセット。メインのかんきつものは以前作った「かぼす酢（かぼす果汁とお酢を同量入れて冷蔵庫で保存すれば1年近く持つそうです）」を使いました。しょうゆとかぼす酢を300㎖ずつ、酒と本みりんは煮きったものを1：1で100㎖入り。1週間ほど寝かして昆布と削り節をこして取り除いたら出来上がります。

簡単昆布だしは、水600㎖、昆布5㎝2枚、煮干し7、8尾。このまま一晩おきます。丁寧にだしをとることもありますが、このだしが私の定番です（笑）。

かぼす酢としょうゆでかぼすポン酢作り。

PROFILE DATA

▼お名前
YUKAさん

▼お住まい
東京都23区内

▼お仕事
講師

▼趣味、特技
文具店巡り・読書、速読

▼好きな家事
料理・整理整頓

▼苦手な家事
洗濯

▼挑戦したいこと
留学

▼時間があったらやりたい家事
キッチンでの食材染色

▼今の暮らし関連の悩み
お弁当箱の収納方法（増えすぎのため）

▼暮らし関連の夢
好きなことを楽しむ生活ができれば充分です

▼作りおき

初の実山椒仕込み

実山椒、初めて買いました。近隣のスーパーでは出回らず、毎年時期を逃していたのですが「それならネットで買ってしまえ！」ということで、注文。2パック分、合計200g、届きました！　まずは余分な枝を切る。私はTVを見つつ、はさみでチョキチョキ。

鍋にたっぷり入れた水を沸騰させ、塩を大さじ1ほど入れてゆで時間は5〜7分ほど。ちょっと指でつぶれるぐらいがいいとのこと。私は冷凍保存が主なので少し固めです。

その後冷水につけて、水を替えつつあく抜きします。今回は1時間半ほどにしました。小瓶に入る程度を残し、キッチンペーパーでくるんで、水気を取りラップで小分けしてすぐに冷凍。1年は持つそうです♪　小瓶のほうは塩漬けにしてみました！　塩は実山椒の10％ほどに。これでちりめん山椒も作れる！　ああ、楽しみ♪

実山椒で、ちりめん山椒を作るのも楽しみ♪

▼作りおき

暑さを乗り切る、自家製冷食

今週もまた、暑い日々のための作りおきです。先週は調子が悪くなりましたが、この作りおきに助けられました。今週も自家製冷食作り。

結構便利な焼肉系や野菜炒め。豚ロース肉のみそ漬け、しょうがじょうゆ漬け。鶏そぼろは塩こしょうで味付けのものと下は甘辛く味付けたもの。そして卵のそぼろ。ズッキーニ。ハンバーグが若干焼き過ぎ（笑）。

傷みが気になるので、冷凍してしまいます。

いいとこ取りのレシピで、おいしくできました！

▼季節のこと

ちりめん山椒。

先日下ごしらえした、実山椒を使って、ちりめん山椒作り。朝、仕事前にカフェで調べてメモったページ。いろいろ調べたのですが、やり方A・B・Cで悩んで、……いいとこ取りして作りました（笑）。おいしくできたので覚書。

材料／ちりめんじゃこ150g、下処理済の実山椒　大さじ3、酒250㎖、みりん50㎖、醤油大さじ1、白醤油大さじ2、砂糖大さじ1。

ちりめんじゃこをザルにあけてさっと水で洗います。調味料を鍋に入れて沸騰させ、中火にして、ちりめんじゃこを入れ、汁気が半分になるぐらいまで炒る。実山椒を入れて、汁気がなくなるまで炒る。いったん金ザルにあげて汁気を落としてから干す用のザルにあけて、2〜3時間日陰で干しました。

おいしくできたのでお弁当にも使います！

フレッシュ粒こしょうを使って、オリーブ油漬けに！

▼季節のこと

粒こしょうのオリーブ油漬け

先日、青山ファーマーズマーケットで購入したフレッシュ粒こしょうを使って。買ってきてすぐ作りました。

だんだんと色が変わって黒くなるそうですが（黒粒胡椒となるらしい）、緑のままで保つにはオリーブオイルに漬けてと教わったので、早速。粒をはずして水で洗い細かい汚れを取って煮沸した小瓶に。オリーブオイルを足しておきました。簡単（笑）

お肉の付け合せやカルパッチョに合いそう♪　瓶詰めも売っているけどフレッシュはおいしいよーと教わって今から使うのが楽しみです！

27

chasさん

chas

台所仕事が大好き。今日も台所にいます。

左／「和太布（わたふ）ふきん」。吸水性と速乾性、そしてもちのよさが素晴らしい！　右／結婚以来毎朝、お世話になっている鉄瓶です。

2人の子どもを育てる、働くお母さん。
いろんな壁にぶち当たりつつも、
家事、育児を大切にされています。

➡「おいしい台所」
http://oishiidaidokoro.hatenablog.com/

「家事・育児は尊く楽しい」そんな気持ちで、今日も台所にいる私です。台所仕事が大好きですが、これがなければ楽しくない、というもの5選をご紹介します。

●「和太布（わたふ）ふきん」。これまでさまざまなふきんを使ってきましたが、どんなに頑張ってもカビには勝てませんでした。でもこの和太布は勝てるんです。カビの繁殖より先に乾くんです。見た感じも触った感じもとても好き。

●「釜定」の南部鉄瓶。結婚以来毎朝、お茶や白湯で体を温めてくれます。鉄瓶からしゅんしゅんと出る湯気を見ていると、落ち着いた気持ちになります。

●「ル・クルーゼ」22センチ。お肉も、お魚も、本当にとろとろにおいしく煮えます。毎日、出番のないときがない程使ってきました。

●サラダスピナー。今まで水分べちゃべちゃでレタスを食べていたことが信じられません。水きりした野菜はシャキッパリッとして本当においしい。

●せいろ。使い始めて8年。せいろで蒸した野菜はゆで野菜と違い、栄養が流れることなく風味も損なわず、野菜の甘みや旨みがそのまま残ります。

左上／サラダスピナーを使った野菜のおいしさを知ってから、使わずにいられなくなりました。「イワキサラダスピナー 2.7L」。右上／うちには圧力鍋はありません。煮物はこれで。とにかくおいしくできるんです。　下／おいしいうえに調理が簡単で早いせいろ。

作りおき

大葉が好きでたまらない

大葉が大好きなんです。でも、夫も子ども達も大葉が嫌い。だから、自分1人で楽しむための大葉レシピ。大葉のナムルです。

〈材料〉大葉20枚、ごま油大さじ2、すりごま大さじ1、しょうゆ小さじ1、塩小さじ½〜⅔

〈作り方〉①大葉を洗って水気をふき、茎を切る。②ボウルに大葉以外の材料を入れて混ぜる。③タッパーに大葉を入れて②をスプーンで塗り、その上に大葉を重ねる。20枚分繰り返す。④最後まで重ねたら、余ったたれを回しかけ冷蔵庫で1〜2時間おく。⑤できあがり。たれが染みれば食べられますが、2日目のほうがおいしいです。

そのままごはんに乗せて食べます。大葉って本当に油と合うんですよね。

食のこと

しいたけを丸ごとチーン

「しいたけチン」は、母が大きなしいたけが手に入るとよくやっていた、母から教わったレシピです。

〈材料〉しいたけ、しょうゆ、味の素（お好みで）

〈作り方〉しいたけの軸（先だけ）を切り、お皿に上向きにならべる。カサの部分にしょうゆを数滴たらし（お好みで味の素をぱらりとふって）、ラップをして30〜40秒。チーン！となったらできあがり。調理時間は2分くらい。しいたけの香りがたまらない！

今日のお弁当のすき間に。

季節のこと

なつかしいシャービック！

息子と一緒に、シャービックでデザートキューブを作りましたよ。デザートに子どもたちと食べましたが、ひと口食べて「そうそうこの味この味！」とうれしくなりました。

私が小さい頃も母はやっぱり製氷皿で作ってくれました。子どもにとっては大き目のひと口サイズをぽいっと口の中に入れると、もうしゃべれなくて（笑）、こぼれ落ちないように口をしっかり閉じて、頭キンキンさせながら食べたっけ。

一からの手作りおやつを作るのも食べるのも大好きですが、こんな懐かしいインスタントデザートを子どもたちと一緒に食べるのも、たまにはいいなと思います。

パイナップル、バナナ、いちごを入れました。

PROFILE DATA

お名前
chasさん

お住まい
神奈川県

年代
40代

ご家族構成
夫、娘、息子の4人家族

住まい
小さな庭のある一軒家

お仕事
メーカーで勤務しています

趣味、特技
小庭いじりとお菓子作り、写真を撮ること

好きな家事
洗濯

苦手な家事
お風呂掃除はいつまでたっても……

挑戦したいこと
ジムに通って筋肉をつけたい

時間があったらやりたい家事
網戸を洗いたい

今の暮らし関連の悩み
そろそろ一人の部屋が欲しい！と娘に言われていること

暮らし関連の夢
老後は庭のある平屋に住み、縁側で夫とお茶を飲みながらおしゃべりすること

ラズベリー&チョコブラウニーのパフェ。

28

utakoさん

utako

シンプルに、心地よく。季節を感じながらおいしい食卓。

野菜ソムリエの資格も
お持ちのutakoさん。
季節感のある食卓に注目です。

➡「Living like Singing ♪」
http://livinglikesinging.blog.fc2.com/

妹が泊まりにきて、前々からやりたいねって話していたパフェ会を決行。

ひとつは、ラズベリー&チョコブラウニーのパフェ。アイスクリームメーカーで作っておいたラズベリーオレオアイスクリームに、妹の作ってきたブラウニー。そのほかに、グラノーラ、生クリーム、ラズベリーソース、バニラアイスクリームなどを合わせました。

もうひとつは、濃厚ビターな手作りコーヒーアイスクリームと、妹作のティラミスを合わせた、ティラミス&コーヒーパフェ。アイスにはカリカリ食感でほろ苦いスーパーフード「カカオニブ」がたっぷり入っています。コーヒーゼリー、生クリーム、ブルーベリー、クッキーなどを添えて、こちらは大人の味わいの少しさっぱりとしたパフェになりました。

楽しくておいしい手作りパフェに、子どもたちも大喜び。これから、季節ごとにパフェ会しようか、なんて話になりました。

上／アイスクリームメーカーで作っておいたラズベリーオレオアイスクリーム。　左下／ティラミス&コーヒーパフェ。大人の味わい。　右下／濃厚ビターな手作りコーヒーアイスクリーム。

▼季節のこと

海のゼリーケーキ

海の日を前に、海をイメージしたお菓子を作れないかとアレコレ考えて完成した「海のゼリーケーキ」。グラハムクラッカーでクラストを作り、白い砂浜をイメージしたヨーグルトムースに、ブルーキュラソーで色づけした炭酸レモンゼリー。ビーチの波打ち際に見えますか？

貝殻やヨットの船の部分は「プラチョコ」で。南国風に、ヤシの木も作ってみました。ねんどのように手軽に成形できる「プラチョコ」ですが、暑さの中、手で触るとすぐにドローンとしてしまう……。夏場はホントはキビシイです。

ビーチの波打ち際をイメージしました。

▼季節のこと

週末のスペシャルなおやつ

時間のある休日には、夫がよく品ぞろえの豊富なスーパーや市場などに行きたがります。そうして何かっていうと食に走るわが家（笑）。この週末には、こんなものを作りました。すいかをバスケット型にくり抜いてうつわにした、白玉入りのフルーツポンチ。

すいかのほか、ドラゴンフルーツ、桃、マンゴー、バナナ、ゴールドキウイ、そして豆腐入りの白玉と豪華です。カルヴァドスを少し加えたシロップを炭酸水で割ってシュワシュワに。

南国のフルーツは、ほてった体を冷やしてくれるので、暑い日にはなおさら嬉しい。

南国フルーツたっぷりで。

▼食のこと

パクチー大好き

我が家は家族そろってパクチーが大好きです。最近のお気に入りは、ベトナム麺の「フォー」。さっぱりとした鶏のスープに、蒸し鶏とパクチーはたっぷりが鉄則。

先日は、お弁当に入れたタイ風焼き鳥「ガイヤーン」にもパクチーをどっさり。こちらもわが家で人気のメニューです。

こういった海外のメニューを以前より多く取り入れて、日々のごはんの脱マンネリを目指そうかなと思っています。

我が家は家族そろってパクチーが大好きです。

PROFILE DATA

▼お名前
ｕｔａｋｏさん

▼お住まい
神奈川県

▼年代
40代

▼ご家族構成
夫、中高校生の娘2人の4人家族

▼お仕事
ライフオーガナイザー® の資格と食を合わせた活動を始めました

▼趣味、特技
クラフト、絵を描くこと、ピアノ

▼好きな家事
時間があるときにゆっくり料理をすること、整理整頓

▼苦手な家事
電化製品のお手入れ

▼挑戦したいこと
壁やダイニングテーブルを自分で塗装してみたいです

▼時間があったらやりたい家事
アルバムの整理、庭の大がかりなＤＩＹ

▼今の暮らし関連の悩み
子どもの予定が不規則になり、生活リズムが整えにくいこと

▼暮らし関連の夢
いつか自分好みの小さな家を建ててみたいです

水きりカゴは「ラバーゼ」。散々悩んで購入したけど、ホントヨカッター。スタイリッシュなので気に入ってます!!

29
ひらさんさん
hirasan

食の乱れは心の乱れ。日々の食事を大切に。

**規則正しい生活を
淡々と送れるよう、
食生活を大事にしているそうです。**

「冷えとりなるままに。」
http://hietorinarumamani.our-favorite-things.com/

上／洗って切っただけ、洗ってゆでただけ、でも助かる！　中／仕込んだ食材で充実の冷蔵庫。下／お弁当作りにもとても便利です。

買物から帰ってきたらやること。①購入した野菜は洗えるものはすべて洗う。②ある程度乾かしたら、ナイロン袋などにいれて冷蔵庫へ。

　きゅうりもトマトもすぐに食べなくても洗って、ある程度乾いたらそれぞれナイロン袋に入れて冷蔵庫へ。このひと手間がホントに助かるんです。これで帰宅後数分で簡単サラダは完成しますので～。

　また、別の日は、洗ったりゆでたり炒めたり、仕込みをしました。オクラ／洗って板ずりしてゆでてカット。ヤングコーン／洗ってカット。小松菜／カットして洗って水気をきった。小松菜のごま和え／ゆでて調味料とすりごまで和えた。紫キャベツ／洗ってせん切り。水菜／カットして洗って水気をきった。トマト／洗ってヘタ取り。ドライカレー／大量に作ってクタビレタ。ジッパー袋に小分けにして冷凍庫へ。

　そんな仕込みで充実している冷蔵庫。野田琺瑯を使ってます。養生テープに油性マーカーで名前を書いてすぐに取り出せるようにしています。

食のこと

歴代上位の昼食メニュー♪

ある日の昼食。以前大量にミートソースを作り、小分けにして冷凍しておいたものを使いました。そして今回は「パルミジャーノ レッジャーノ」チーズをすりおろしてｉｎ！ 今まで粉チーズを使ってましたが、比べ物にならない。味と香りが違う。当たり前かもしれませんが……いやはや、おいしいわぁ。粉チーズを結構大量に使ってもチーズ感が出なくて満足できなかったけど、パルミジャーノチーズは香りもよくて濃厚でおいしかった～！ 我が家の歴代のうまうま昼食の中でかなり上位のメニューになりました。

パルミジャーノ レッジャーノのおかげでおいしくなったミートソース。

季節のこと

チーズ祭りハンバーグランチ

昼食のメインは「チーズｉｎハンバーグ」（そしてチーズｏｎハンバーグでもある）。チーズ祭りです！ ｉｎしたチーズはチェダーチーズ、ｏｎしたチーズはシュレッドチーズ（ステッペンとゴーダのミックス）です。

がっつりこのように作ってしまいましたが……ハンバーグは半分以上夫にあげました（夫大喜び～!!）。スキレットは小さめですがこのまま食卓に出すことを目的に購入したので非常に満足。でも大きいサイズも欲しくなる今日この頃。サラダのお皿は「ＨＡＳＡＭＩ」のプレートミニ。シンプルで非常に使いやすいです～。

この日はチーズinハンバーグと約束していたので作りました。

食のこと

豆類が好きなのでたっぷりと

メインは「炊き込みご飯」と「味噌豚と大豆の五目煮」です。桜エビはいったんフライパンで香ばしく炒ってから炊飯器に。なので香ばしさアップ。炊いてる途中からいい香り～。

豆類が非常に好きなので大豆やら青大豆やら常備してます。本日もまめまめ～♪ なお弁当です。青大豆はだししょうゆ漬けにしてます。だししょうゆと青大豆のやや青臭さがなかなかよいです。

炊き込みご飯の具はたけのこと桜エビとえんどう豆。たけのこは旬は終わったので水煮のものを使用してますが、それでもうまいっす。

夫には使い捨て容器で。帰宅時荷物も減っていいよね～。

2人分のお弁当です。

PROFILE DATA

お名前
ひらさんさん

お住まい
愛知県名古屋市

年代
40代

ご家族構成
夫（夫とふたり暮らし）

住まい
分譲マンション

お仕事
パート主婦（仕事は在宅）

趣味、特技
ヨガ、ジョギング、パン作り

好きな家事
食事作り

苦手な家事
洗濯物を畳む

挑戦したいこと
ベランダで干し野菜を作りたい

暮らし、家事へのこだわり
食の乱れは心の乱れをモットーに、食事を気を付けることで規則正しい生活を送り、充実し安定した生活を淡々と過ごすよう心がけています

暮らし関連の夢
マンションなのでベランダですが、家庭菜園をしたいと思っています。またベランダを植物でいっぱいにしたいと計画

30

Tammyさん

Tammy

365日。すべての日を大切な日としてすごしたい。

翌朝は常備菜を豆皿にのせて。

普通の毎日をていねいに送るように心掛けているTammyさんの朝ごはん。

「こころいろ　365日。」
http://cocoroiro.blog.jp/
Instagram「@t_ammy」

実家で母と作った、作りおき常備菜。

食材いっぱい抱えて実家に帰った日。実家で作る「作りおき常備菜」。

母と一緒に台所に長い間立つのもいつ以来？　な時間。私が作っている横で、母が助手のように洗ってくれたり切ってくれたり湯がいてくれたり……。

「これくらいの味でいい？」と母に聞くと「私やったらもうちょっとおしょうゆとお砂糖入れるなぁ」と母。微妙に違う母との味の相違にも気付く。母の味が私の基本なのに少しずつ母から「独立」した私がそこにいる。手当たり次第にいろんなものを作っていると父が「早く帰らんと道が混むで～」と心配してくる。

これだけ作れば、同居している妹、姪たちみんなのお弁当のおかずにもなるかな。誰かのためにすることを「楽しめる」こと。これは究極の幸せかも。

翌日は、その作りおき常備菜をのせただけの朝ごはん。

▼食のこと

バターをのせて。とうもろこしご飯。

とうもろこしご飯を炊こうと思って、買ってあったのに少し予定が狂って炊きそびれてしまった。とうもろこしが新鮮なうちはとうもろこしの「ひげ」も炊き込むとおいしい。

炊きたての熱々のときには、バターをのせるのもいいよ。ブラックペッパーを少し振って。あとは作りおきを少し並べた朝でした。

上／とうもろこしの実をそぎ落としてから、芯をのせて炊き上げます。　左下／バターを少しのせて。　右下／紫水菜のおひたし、トマト、オクラ、玉子焼き、大根おろし、カシワの塩焼き。

▼季節のこと

6月を丁寧に締めくくる。

少し慌しく時間が流れて、朝のゴミ出しで何曜日かを毎日確認してるような日々。今日はまだ木曜日らしいです。で……6月最終日。よって1年の半分が過ぎ去った模様……はやぁぁぁ……。しっかり足跡つけて6月を締めくくりましょう……。

魚久さんの銀ダラの京粕漬けとお野菜でワンプレート。困ったときの「魚久さん」。いいお仕事してくれて、おいしい～幸せを連れてきてくれます（笑）。

困ったときは魚久さんのお魚で。

食べやすいスイカツリーとくり抜きスイカ。

▼季節のこと

スイカのカット方法 2種類

小玉スイカ。孫たちにも食べやすいように横にスライスして6等分。緑のヘタの部分を一部切り取ったら「スイカツリー」のでき上がり。残ったスイカは、クルリンとスプーンでくり抜けば、これもきれいに食べてくれる。

子育てのとき私は若かった。今みたいにこんな余裕を持って子育てできていない。食べさせることとお腹を膨らませること、それでいっぱいいっぱいだった。あのとき、娘たちにはできなかったこと。グランマは今それを楽しんでいる。私の手の中にあるものを、全部、一世代通り越し（笑）、彼女たちに伝えていきたいと思う。

玄米スープ、五穀米と黒米など。滋養のある朝ごはん。

▼季節のこと

滋養を与えて、季節を乗り切る

昨晩は、夫と2人で「洋食屋さん」へ行った。すごくおいしく、お店の雰囲気もよくて、「もう食べられへん……」ってほどいただいて……。

そんな日の翌朝。玄米スープは準備してあったので朝からコトコト煮て、玉子焼きは大根おろしとおねぎで、ししゃも焼いて、山芋すって、五穀米と黒米を炊いて。モロッコインゲンはごま和えに。ブロッコリーは花かつおをかけて……。

食事には①お腹を膨らませるだけの食事、②食べたいものをいただく食事、③滋養をつける食事、がある。昨日は食べたいものをいただく食事。今朝は滋養をつける食事。日本の四季の中の一番過ごしにくい季節は滋養優先に。「体に養分を与えて」乗り切っていきましょう。

▼季節のこと

暑い夏にぴったりの朝ごはん

今朝の朝ごはん。白いご飯の上にはみょうがと大葉。オクラも酢の物にして、鶏の南蛮漬けも。体が自然と酢の物を欲するのがすごい。この蒸し暑さ、体に酢を流し込んだらもっと乗り切れるかなぁ？　娘の仙台土産の笹かまぼこ。おいしゅうございました。

それから玄米を炒っておくといろいろ使えて便利です。別の日の朝ごはんはその炒り玄米と梅干しと昆布で、朝がゆに。寝苦しい季節、なんだか食欲も落ちる、そんな朝にはぴったりです。

▼食のこと

せいろで蒸し野菜

今朝は白ご飯が余っていたのでそら豆だけ湯がいて、ご飯と混ぜる。

冷蔵庫にあった野菜はせいろに詰めて蒸す。なんか手がかかっているように見えるかもだけれど切って詰める、それだけ。めっちゃ時短なのに、頑張った風に見えるごはんです。

豆腐のおみそ汁、夫のおみそ汁はすでになし（笑）。彼はみそ汁好きなので、おかわりに何度も立つ妻です……（笑）。

時短なのに、手が込んで見える、せいろ蒸し野菜。

上／身体が酢の物を欲するような気がします。　下／玄米と梅干しと昆布で、朝がゆ。

PROFILE DATA

▼お名前
Tammyさん

▼お住まい
兵庫県神戸市

▼年代
50代

▼ご家族構成
夫と私

▼住まい
海辺のマンション

▼お仕事
家族のごはんを作ること

▼趣味、特技
絵付け・ヨガ・PC

▼好きな家事
台所に立つこと

▼挑戦したいこと
次世代へ食の大切さを伝えていきたい

▼暮らし関連の夢
四季の暮らしのなかで遊びごころを持って日々楽しんでいきたい

朝夕のごはんは、きちんとしたおいしいものを食べたい。

31

たみこさん
tamiko

都会暮らしでもできる手作り暮らしを模索。

忙しく単調になりがちな日々でも
発酵食など手作りし、食を
楽しんでいるたみこさんです。

「暮らしのつづりかた。」
http://tamilife.exblog.jp/

上／炊き立てのいい香りがうれしい。　下／お鍋炊飯はけっこう簡単。

朝

は8時に家を出て、夕方18時に帰宅する、というのが我が家のスケジュールです。お昼休みにいったん家に帰ってはいるけど家にいる時間はそれほど長くない。平日はゆっくりする時間があまりとれないのは正直ツラい。そのツラさを和らげるのに必要なのが、朝、夕のごはん。リラックスできる時間が少ないからこそ、ごはんはきちんとしたおいしいものを食べたい。

特にお米は重要。お米がまずいとごはんを食べた気がしなくなる。クサクサとした気持ちを抱えながら仕事に行ったり明日を迎えんといけなくなる。だからお米を炊くのにはけっこうこだわってます。

使っているのは長谷園の「かまどさん」。お鍋炊飯のほうが時短やし炊き方もけっこう簡単。ふたを開けたときのほわほわといい香りが立つのがうれしくて。くんくん、と香りを楽しんでからのつまみ食いがいちばんうまい！　疲れが溜まってて何もする気が起きないときはパンに頼ることもあるけどやっぱり白いお米が好きかな。今日は休日やからゆっくり、のんびりお米を炊こう。

▼食のこと

ぬか床の復活。

ぬか漬けを始めてから2カ月ほど。先日ぬか床の様子がちょっとおかしくなって、えぐみが出るようになったので、既存のぬか床の半分を捨て、新しいぬかを混ぜました。そしてにんじんや大根、小松菜などのスタンダードな野菜を漬け込み、そしてぬか床に持てるだけの愛を込めながらしっかり底から混ぜる！　そうしていくうちに匂いも収まり、塩気もちょうどいい塩梅に。仕事場の先輩にも、ご試食いただきましておいしいと言ってもらったので復活、といっていいんじゃないかな!? 今ハマっているのは小松菜などの青菜。おしょうゆがなくても塩が利いてておいしい。大根の葉も軽くゆでてから漬け込むとおいしいです。

にんじんに小松菜。おしょうゆがなくてもおいしいのです。

▼食のこと

しいたけの活用法

うちの「乾物ステーション」にいつも干されているもの……それはしいたけです。

きのこ好きなわたしたち親子。きのこを食べない日はありません（本当に）！　なかでもしいたけはいいおだしが出るので買ってきたら絶対干します。そして2、3コほど昆布と一緒にボトルに入れて冷蔵庫でストック。一週間ほど使ったら中のしいたけを取り出しておかずづくりに活用。干ししいたけを戻す時間がないので使いたいときにすぐ使えます。

毎日のおみそ汁や煮炊ものにわざわざおだしを作らなくてもいいようになったのでほんとにラクです。時短にもなりました。

食べにくいけど、軸がいちばん栄養があるそう。うちでは細かく切って炊き込みご飯に入れてます。

▼食のこと

三五八漬けにチャレンジ

塩、米麹、蒸米＝3：5：8の割合で混ぜた三五八漬け。関西では聞きなれないお漬物ですがチャレンジしてみました。最初なんでシンプルに大根を。おまけで干ししいたけも。これは甘みがあっておいしい！　漬け床だけでも食べれるくらいです。お米と麹の甘みなのかな。甘いものが好きな私、わざとたっぷり漬け床を残して食べるのにハマってます。おやつ代わりに毎日、もしゃもしゃいただいてます。

ぬか床みたいに毎日お世話しなくてもいいのでラクなのもよいところです。

甘みがあっておいしい！

PROFILE DATA

▼お名前
たみこさん

▼お住まい
大阪府

▼年代
30代

▼ご家族構成
自分、娘6歳の2人暮らし

▼お仕事
会社員

▼趣味、特技
趣味は発酵食、保存食作り。たまに裁縫

▼暮らし、家事へのこだわり
家事はずっと続くものなので、無理なく楽しんでできるようにしています。派手なパッケージの洗剤を置かないとか、お気に入りのキッチングッズで料理するとか。自分の好きなものでいっぱいにして家事をするようにしています。週1日は何もしない日を設けるなどをして手抜きもしています

▼今後チャレンジしたいこと
日用品のストックをもう少しうまく整頓できたらな、と思っています

▼暮らし関連の夢
発酵食品が好きなので知識を深めたいです。いつか古民家に住んで、発酵食品や野菜を作ったりして家しごとを楽しみながら暮らせたらなと思っています

32 tomokoさん

tomoko

家族が心地よく暮らすために、あれこれ試しています。

梅酒や、ブルーベリー酢を作るときも使いたい。パーティーしたくなるかわいさ。

2人のお子さんを育てるtomokoさん。家事のしやすさについて工夫をしています。

「白×グレーの四角いおうち」
http://tomodia.exblog.jp/

隣にはグラスを一緒に。憧れはイッタラのカルティオでそろえることだけど、透明と水色は、100円ショップのプラコップです。

子どもが自分で注げる麦茶コーナーが作りたくて、ダルトンのドリンクサーバーと後から専用スタンドも買いました。

夕食の途中で「ママー、お茶ー!」と言われるたびに箸を置かないといけなかったのが、子ども、勝手に注いで飲んでる! ら、楽……。ふと気付く。子どもたち、昨日は「ジュース!」と言わなかった! 息子は喉が渇けば勝手にジュースを飲み、娘は自分でできないので私にお茶じゃないのがいいー、と言うのですが、昨日は当たり前のようにお茶を飲んでました。夏休み、ジュースばっかり飲まれてはたまらないので、この調子でお茶っ子になっておくれー。

麦茶コーナー、子ども用にと書きましたが、もちろん大人も飲みます。キンキンに冷えた麦茶もおいしいけど、子どもたちもまだ小さいので、一度冷蔵庫で冷やした麦茶をサーバーにたっぷり注いでおいて、ほんのり冷たいくらいの麦茶を飲ませたいと思います。あとは自分たちでコップに氷を入れて調整してくださいな。

(※ダルトンのサーバーは保冷機能がないため、涼しい部屋で早めに飲みきることをオススメします。)

▼小さな工夫

麦茶は小分けにファイルボックスに

暑い……！ 午前中の家事は、タオルを首にかけて。朝お化粧してもどうせ家事してたら流れるので、子どもたちを小学校、幼稚園へ送るときはスッピンで行くことにしました。

こうも暑いと、麦茶がなくなるのも早い早い。1日1回沸かすのでは追いつかなくなってきました。お義母さんが分けてくれた、地元の麦茶。沸かす側から香ばしい香り。直接ヤカンに入れるのも雰囲気があっていいけど、やっぱり後が面倒なので、小分けにしてファイルボックスでスタンバイ。

▼小さな工夫

水筒とお弁当箱を乾かすコーナー

カラフルな水筒やお弁当箱をキッチンに出しっぱなしで乾かすのが気になって、いろいろ試した結果、今はこんな方法で落ち着いてます。

水筒を洗った後、周りをざっと拭いて背面収納のステンレスバスケットにポイポイ入れていきます。

お弁当箱もざっと拭いてポイポイ……。バスケットにはスポンジワイプを敷いてあります。そしてそのまま朝まで乾燥。

おかげで、キッチンカウンターはスッキリ。朝はここから直接お弁当箱や水筒を出して作業。昼間は空っぽになるので、その間にスポンジワイプも乾いてます。お皿やお鍋は拭いてしまえるけど、水筒やお弁当箱ってどうしても拭ききれないですもんね。専用の乾かすコーナーを作れば、キッチンがかなりスッキリします。

乾かすコーナーがあればスッキリ！

1日に何度も沸かす麦茶。

PROFILE DATA

▼お名前
tomokoさん

▼お住まい
広島県

▼年代
30代

▼お仕事
専業主婦

▼ご家族構成
夫、自分、長男7歳、長女4歳

▼趣味、特技
ヨガ歴2年

▼暮らし、家事へのこだわり
実家の母がよく言っていた、「ついでにやる」の意味がやっとわかってきました。片付けにしても、汚れにしても、ためてしまうと億劫になる家事は後で負担にならないように、周期やルールを決めるようにしています。家事動線ができるだけ短くなるように、ついで家事がしやすいように、道具の配置を常に考えています

▼今後チャレンジしたいこと
家事のマイルール化を始めたばかりなので、放置してしまいがちな箇所もルール化していきたい

▼暮らし関連の夢
ダイニングテーブルとテレビボードを買い替えたいです

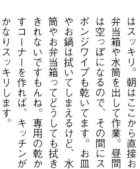

33

izu_aさん

izu_a

子どもが生まれてから、食事に気を付けるようになりました。

初めて麦麹を買いました。

旬の食材をたくさん楽しむことを大切にしているizu_aさん。発酵食も取り入れています。

「わたし時間」
http://izua.exblog.jp/

米麹を使って塩麹を作ることはありますが、麦麹を使ってしょうゆ麦麹を作るのは初めて。スーパーで見つけた麦麹。ぬるま湯を混ぜます。計量に使っているのはOXO（オクソー）のメジャーカップ。10年近く使っていますが、メモリが薄くはなりつつもまだまだ現役。上からでも計量ができる優れもので、これでドレッシングも作ります。注ぎ口も細く、液ダレしないのも気に入っています。

まんべんなく混ぜたら、しょうゆをひたひたに入れて。しょうゆは無添加で余計なものが入っていないものを選ぶように、と作り方には書かれていました。常温で10日。ほんのりと甘~いよい香りになって、麹の芯もなくなり柔らかくなっていました。瓶に詰めて終了。

納豆に、卵かけご飯に、豆腐などいつものしょうゆの代わりに使えます。今日は、手で割ったきゅうりを和えて。麦麹のプチプチが楽しめるかと思いきや、とっても柔らかくて食感を楽しめる程度でした。香りが良くてほのかに甘い、しょうゆ麦麹。調味料のひとつとして、いろんな料理に使ってみようと思います。

左上／ぬるま湯をまんべんなく混ぜます。右上／常温で10日で完成。 下／香りがよくてほのかに甘いのです。

▼食のこと
水きりヨーグルトにハマる

最近ハマっている水きりヨーグルト。ヨーグルトを一晩水きりして、水分が程よく抜けたヨーグルトは濃厚でおいしい。

大さじ1ほどのハチミツを混ぜて食べます。たまにメープルシロップだったりもしますが、わたしはハチミツのほうが好み。そのままフルーツの上にかけたり、ブルーベリー（冷凍）にかけるのも、まったりのクリームと相性がよくて好きです。ここ最近は毎日のように朝食に出しています。クリームチーズ代わりにパンに塗ったり。

クリームチーズを常備していない我が家では、たびたび水きりハチミツ入りのヨーグルトで代用。クリームチーズよりあっさりな味わいです。生クリームをさほど好まない子どもたちも、水切りヨーグルトは大好き。これからも常備していこうと思います。

一晩水きりしたヨーグルト。濃厚です。

▼食のこと
乳酸キャベツを作る

「乳酸キャベツ」は健康や美容に多くの効果や効能をもたらすと聞きました。ちょうどキャベツがあったので、作ってみることに。材料は、キャベツ、塩、砂糖。ジッパー袋にキャベツの半量と塩を入れ、混ぜてから、残りのキャベツを入れ、塩、そして砂糖。それを袋に入れて空気を抜いて、重し（ペットボトル3本）をして3〜6日置く。目安としては酸味がある泡（炭酸ガス）が立つなどで発酵している様子がわかるようです。まだ暑い時期だったのもあり、少し心配でしたが4日目でそんな現象が起きたので終了。あとは、煮沸した瓶に保存。

冷蔵保存で1カ月ほど持つようです。酸味が思っていたより程よくて、冷やしましたがそのままでおいしく食べられました。が、息子は酸味のある食べ物は好きなほうなのですが、これはダメでした。

サンドイッチやスープ、みそ汁なんかにもよいそうです。これで、悩みの腸内環境が改善されるといいな〜と思います。

程よい酸っぱさでおいしい！

PROFILE DATA

▼お名前
izu_aさん

▼お住まい
岐阜県

▼年代
30代

▼ご家族構成
夫、娘（9歳）、息子（4歳）

▼お仕事
主婦

▼趣味、特技
散歩

▼好きな家事
洗濯

▼苦手な家事
アイロンがけ

▼挑戦したいこと
自家製のものを増やす

▼時間があったらやりたい家事
床のワックスがけ

▼今の暮らし関連の悩み
子どもが食べるもののワンパターン化

▼暮らし関連の夢
家族が心地よく暮らせる家、健康でいられるよう支えていく

ご飯を炊くのは圧力鍋で。ほぼ毎日使う、必需品です。

34 ミチルさん MICHIRU

一汁三菜、「まごわやさしい」献立を心掛けています。

野草や山菜を、手作りの木や竹の器に。滋味豊かで印象的なミチルさんの食卓。

Instagram「@okosotonoho」

夕食はバタバタと仕上げることが多いので、朝食はできるだけバランスよく。分けていただくことの多い野菜や、摘んできた山菜や野草を使いながら、四季を感じる食事を楽しんでいます。

今日の朝ごはんは、もち麦ご飯、おみそ汁（めかぶ、えのきたけ、野みつば）。縞ほっけ蒸し焼き、じゃがいもとにんじんの皮とうどのぽん酢炒め。スナップえんどうきなこ和え。ほかはアスパラ菜ぬか漬け、梅干しなど。スナップえんどうは十分甘さがありますので、だしじょうゆときなこを和え衣にしました。

じんわり味わい深い料理が作れるようになれたらいいなぁと思います。

左上／かぼちゃの玉子焼き／うど胡桃みそ和え／ほうれん草おひたし／さば汁／ふきの昆布〆／みょうが竹。　右上／とろろいもとねぎ入り玉子焼き／ほうれん草の卵の花和え／絹さやじゃこ炒め。　下／発芽玄米の大豆ご飯／ほたて稚貝の潮汁／筑前煮／めかぶ酢／スナップえんどうおひたし

▼食のこと

5歳息子の遠足お弁当

保育園に通う5歳の息子の、遠足弁当。……のつもりで作りましたが。息子、発熱により遠足に参加できず、自宅で食べたお弁当。柿の葉は抗菌作用があるというので、遠足のお弁当に使ったのですが、残念ながらおうちごはんになりました。来月の年長児遠足には行けますように。

柿の葉おむすび（しいたけと昆布のつくだ煮、きざみ小松菜漬け）、ばら海苔とねぎの玉子焼き／焼き塩鮭／スナップえんどうおかか炒め／ほか　黒豆の緑茶煮、かぼちゃクリームチーズ和え

▼食のこと

娘の遠足弁当

小学2年生の娘の遠足弁当。娘には少し多いかなと思ったお弁当でしたが、空っぽになって帰ってきました。とっても楽しい遠足だったようで、その日はお土産話のマシンガントークのなか、夕食をとりました。三角の曲げわっぱは、母が孫にとプレゼントしてくれたもので、「大館工芸社」の品。玉子焼きに豆乳を入れると少し焦げやすくなるのですが、ふんわりするのでお弁当にいいです。

発芽玄米おにぎり（小松菜漬け、鮭）／豆乳入り玉子焼き／おから鶏つくね（玉ねぎ、ふき、にんじん、ひじき、しいたけ）／セロリおかか炒め／ほか　蒸し野菜、菜花ぬか漬け

▼食のこと

自分用のお弁当

ふたに高さのある丸い曲げわっぱ、お弁当とふたの間に隙間ができるので、少々盛ってもつぶれにくく気に入っています。自分で食べるからこそ、好きなものばかり詰めているのですが、それが娘にばれて肩身のせまい思いをしています。

発芽玄米ご飯（ちりめん雑魚ふりかけ）／磯のり玉子焼き／卯の花含め煮（ほうれん草、玉ねぎ、しいたけ、にんじん）／根菜の塩きんぴら／菜花おひたし／スナップえんどうと長いものぬか漬け／ほか　黒豆酢漬け、つくし佃煮など

PROFILE DATA

▼お名前
ミチルさん

▼年代
30代

▼ご家族構成
夫婦に子ども2人、犬と猫1匹ずつ、フクロウ1羽

▼住まい
一戸建て

▼お仕事
動物病院の獣医師

▼趣味、特技
書道

▼好きな家事
床の拭き掃除

▼苦手な家事
布団のカバーリング

▼挑戦したいこと
家庭菜園

▼時間があったらやりたい家事
納戸の断捨離

▼今の暮らし関連の悩み
子どもと過ごす時間が欲しい

▼暮らし関連の夢
草木染めをしてみたい

揚げなすと豚しゃぶのさっぱりだれ（なすは少ない油で揚げ、しゃぶしゃぶ用豚肉はゆでて冷ます。たれは、ポン酢にみりん、白すりごまたっぷりとごま油を合わせたもの）／昨日のポテサラ／ネギまぐろ／小松菜としいたけのさっと煮／いちご／みそ汁

35

渡邊優輝さん

Yuuki Watanabe

野菜たっぷりでお酒に合う献立を工夫しています。

結婚してから、和食が増え、盛り付けや品数などを工夫するようになったそうです。

Instagram「@Yuukitohikari」

1人暮らしをしていた独身のころは、毎日2食、適当なものを食べていましたが、結婚してからは、家族が驚いたり喜んだりしてくれるのが嬉しくて、きれいな盛り付けを意識したり、いろいろな食材を使って品数も考えるようになりました。理想は1食で、10品目以上摂れる献立。

うちは家族みんなお肉が好きなので、お肉料理は毎日しています。夫はお酒を飲めませんが、私はお酒が大好きなので、お酒にもご飯にも合うメニューが好きです。箸休めになるものがあると嬉しいです。

以前仕出し屋さんで一緒に働いていた、大先輩に影響を受け、以前は洋食、イタリアンが好きでよく作っていましたが、和食の美しさ・野菜を工夫して食べることを教わりました。お陰で今は、野菜を豊富に使った和食もたくさん作るようになりました。

今後は、今まで使ったことのない野菜を使った料理や、魚の煮付けを上手に作れるようになりたいと思っています。

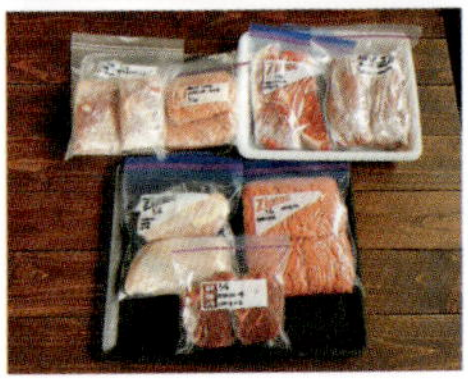

上／青菜はさっとゆで、半分はすぐ使う用としてタッパーに。もう半分は薄めためんつゆに漬けておく。大葉は、瓶に少しだけ水を入れ野菜室で保存すると長持ち。　中／簡単なレシピをノートに記録。今はInstagramを記録用にも使っています。　下／お肉は特売の日に買ってすぐラップに包んでから、日付、グラム数、部位を書いたジッパー袋に入れ、冷凍保存。

▼食のこと

夫リクエストのぶっかけうどん

いつもわたしが食べたいもの作ってますが珍しく夫リクエストのカボスの冷やしぶっかけうどん。ネットで見たらしくネットで調べて作りました。っていっても市販の麺つゆを薄めてカボスをしぼって、カボスとネギをのせただけでできました！　さっぱりおいしかったでーす。

そして茶碗蒸しと、鶏の竜田揚げのおろしポン酢。

鳥もも肉をしょうゆ・酒各大さじ1、おろししょうが1かけ分に30分ほど漬けて、片栗粉つけて揚げ、おろしポン酢とレモンと大葉で。

▼食のこと

揚げ出し豆腐と若竹煮

晩ごはん作りは1時間以内を目標にしています。仕込みは、前日の夜とか娘が昼寝してる間にしています。煮物などは煮てタッパーに。揚げ物、フライはパン粉まで付けてバットに入れて保存。天ぷらなどは、食材をそのまま揚げられる状態にしています。

揚げ出し豆腐／若竹煮／ササミときゅうりのピリ辛塩ダレ和え／春雨サラダ／茶碗蒸し／買ったイカ刺し

▼食のこと

大根煮の辛肉みそかけと納豆の天ぷら

納豆は付属のたれでといて、天ぷら粉に混ぜて、かき揚げみたいに揚げました。わたしはお酒好き、夫プチダイエットのため、ごはん少なめです（笑）。舞茸を油ひかずに炒めて、水分が出てきたら、白すりごまをいれ、ごまが馴染んだら器に盛り、大根おろしと大葉のせ、ポン酢で！　めちゃめちゃ簡単でーす。

大根煮の辛肉みそかけ／納豆の天ぷら／舞茸ごま炒めのおろしポン酢／マカロニサラダ／ゴールドキウイ／えのきのみそ汁

PROFILE DATA

▼お名前
渡邊優輝さん

▼お住まい
福島県

▼年代
30代

▼ご家族構成
夫・長女2歳

▼住まい
アパート

▼お仕事
パート

▼趣味、特技
趣味→お酒、特技→腕相撲。腕がしっかりしているため

▼好きな家事
夕食作り、晴れた日の洗濯

▼苦手な家事
ブラインドのホコリ取り

▼挑戦したいこと
筋トレ

▼時間があったらやりたい家事
断捨離

▼今の暮らし関連の悩み
収納

▼暮らし関連の夢
マイホーム

食のこと

お先に1人晩酌

夫は帰宅がまだですが、待てないのでお先に一杯。帰ったら天ぷら揚げるだけです。1人晩酌、いただきます！にんじんツナ炒めは、せん切りしたにんじんとツナを、ごま油で炒め、和風顆粒だし、砂糖、塩、しょうゆで味付け、白ごまをふりました。

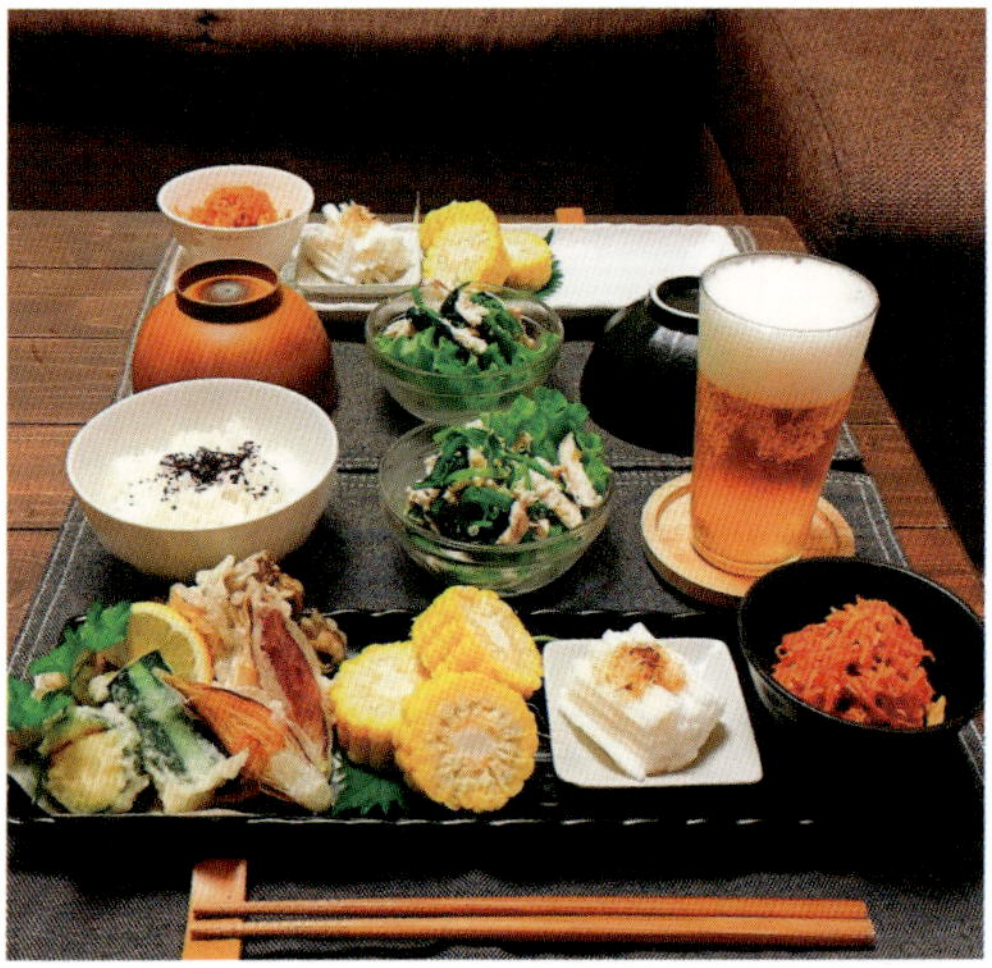

舞茸、ズッキーニ、ミョウガの天ぷら／ゆで鶏とほうれん草の柚子胡椒和え／ゆでトウモロコシ／せん切り長いも／にんじんツナ炒め

食のこと

楽しいおうちランチ

友達と楽しいおうちランチしました！　デザートに友達からの「サーティワンアイスクリーム」。幸せ。

イタリアンは独身の頃に大好きでよく食べにいきました。今はなかなか行けませんが、おうちでもおいしいパスタが食べたいと何度も繰り返し作ったので得意です。

カルボナーラ／バジル塩唐揚げ／フライドポテト／サラダ

食のこと

結婚記念日なので ステーキです

今日は結婚記念日なので、贅沢にステーキです。感謝の気持ちを込めて作りました。ありがとう！　これからもよろしくお願いします！　お互い一言ずつ。からのカンパーイ！

ビーフステーキ 和風わさびソース／冷製かぼちゃスープ／トマトと豆腐のサラダ／ほうれん草とベーコン炒め／大根とレタスとミョウガのサラダ ポン酢で

▼食のこと

れんこん揚げもちの和風あんかけ

れんこんは約350g。すりおろします。80gくらいはみじん切りにすると食感がおいしくなります。すりおろしとみじん切りを合わせて鍋に入れ、弱火から中火の間の火にかけ、水分が少なくなるまで木べらでよく混ぜながら火を入れます。もったりしたらバットにあけ冷まします！　冷めたら、手をぬらし、丸く成形。中にはめんつゆで煮た椎茸・鶏肉、もうひとつには、めんつゆで煮た冷凍小エビ・冷凍貝柱を入れました！　片栗粉を軽くまぶし、油で揚げたら、白だし・しょうゆで作ったあんをかけて、みつばをのせました！

れんこん揚げ餅の和風あんかけ／ほうれん草のおひたし／長ネギのみそクリームグラタン／豚汁／中華クラゲときゅうりのサラダ／柿

▼食のこと

冷麺とチヂミ

冷麺。タレと麺は市販品です。昨日作ったチャーシューをのせました！

チヂミの半分にはとろけるスライスチーズをのせて。たれはポン酢に豆板醤とラー油を少々入れたもので、いただきます！

冷麺／イカとニラのチヂミ、チーズチヂミ／ナスとピーマンの焼きびたし／メンマとキノコの和え物／すいか

▼食のこと

ビーフシチュー

赤ワインとハインツのドミグラスソースで煮込みました。いつもハインツベースで、ブイヨンとかしょうゆとかケチャップ入れてます。ベースハインツだから、味付け楽々。ハインツと圧力鍋頼りのビーフシチューです。1杯目はビールで、これから二次会。カンパイです！

ビーフシチュー／大葉チーズ春巻き／バゲット／シーザーサラダ

夫と長男はお魚よりお肉派ですが、週に2回はメインに魚料理。アジの開き／ひじきの炊き込みご飯／ナスとピーマンの中華炒め／水菜のナムル／こんにゃくきんぴら／だんご汁

36

yunaさん

yuna

エプロンを付けたら人が変わります(笑)。

Instagram「@yuna921」

献立のメインは
その日の朝には決めて
おくようにしているyunaさんです。

おうちで外食気分♪　を目指しています。外食でおいしいものを食べたりすると家でもできないかな……なんて考えてトライ！

母が料理上手だったので、今でも「母が作るアレが食べたい！」と思うときがあります。そんなときはすぐ電話してレシピ聞いちゃいます。

家族の健康のために栄養バランスなどを考えて料理していますが、手が込んだものは苦手です。

でも、料理を作るぞ！ってエプロン付けたら人が変わります（笑）と思っています！　がんばってテキパキして、ごはん作り終わったらコーヒー飲もう！　って思いながらがんばります（笑）。

得意なことは……目分量で作ってるとこでしょうか？　汁物などは味見しなくても味が決まるようになってきました♪

上／トマト入り中華野菜炒め／豆腐ナゲット／あかもく納豆／雑穀ご飯。下／ポークチャップ／高野豆腐の煮物／イカとひじきの落とし揚げ／かぼちゃのおみそ汁／麦ご飯。

▼食のこと

鶏むね肉のポテト衣焼き

鶏むね肉のポテト衣焼き。じゃがいもを衣にするとフライドポテトみたいな味になって子どもたちが喜んで食べてくれるんですよ♪　むね肉1枚で十数個作れちゃいます。いつもメニューはかなり悩みます。パッと決まるときもあるんですけどね。

鶏むね肉のポテト衣焼き／ズッキーニとベーコンの炒め物／納豆チーズの油揚げ巾着／春雨スープ／雑穀ご飯／フルーツ。

PROFILE DATA

▼お名前
yunaさん

▼ご家族構成
夫、高校3年生の長男、小学2年の長女

▼趣味、特技
半身浴、テレビ鑑賞、ライブ観戦♪

▼好きな家事
料理、食料の買い出し（笑）

▼苦手な家事
洗濯物畳み、献立のひらめき

▼挑戦したいこと
レストラン並みの腕前になれるようにもっと料理の勉強をしていきたい！　それから、家にある調味料の意外な組み合わせを研究していきたい♪　あとは……断捨離とダイエット（笑）

▼時間があったらやりたい家事
栄養や食べ合わせの勉強

▼今の暮らし関連の悩み
いつも冷蔵庫とにらめっこして献立を立てているので、果たして私が作るごはんは栄養が足りているのか？　不安です

▼暮らし関連の夢
夢……とにかく私がお母さんでよかったって子どもから思ってもらえるようなお母さんになりたいです（笑）よくドジったり忘れたりすることが多いので（笑）尊敬される母親になりたいなぁ（;^ω^）

食のこと 豚バラと白菜のロール煮

白菜のロール煮は節約料理（^^♪
白菜に豚バラを巻き巻きして煮込むだけ♪　白菜と豚バラ肉のミルフィーユ鍋が大好きな息子に好評でした♪　煮崩れしないし簡単だし、しょうが風味でさっぱりヘルシー料理です♪

豚バラと白菜のロール煮／トマト玉子炒め／かぼちゃサラダ／赤だしのおみそ汁／ひじきご飯／オレンジ。

食のこと 暑い日はカレー

普通のカレーに、野菜を焼いてトッピング。飯はサフランバターライスです。やっぱり暑いときのカレーはたまらんです。セセリはスパイスが入ったソルトで味付けしました。

夏野菜カレー／セセリとブロッコリーの炒め物／スパサラ／野菜スープ／甘夏。

▼食のこと
しょうゆ麹唐揚げ

しょうゆ麹唐揚げおろしソース／生春巻き／ひじきの煮物／みつばと豆腐のお吸い物／雑穀ご飯／フルーツ。

揚げ物したから汗だく……。しょうゆ麹はたくさん常備してるのでいろんな料理に使っています♪　味付けはしょうゆ麹、しょうが、お酒。生野菜ってなかなか子どもたちモリモリ食べてくれないけど、生春巻きにすると食べてくれるんですよ♪

▼食のこと
鶏肉で肉じゃが

鶏肉で肉じゃが／だんご汁／ほうれん草の白和え／スパサラ／雑穀ご飯／みかん。

肉じゃがといえば牛ですが、牛肉がなかったから仕方なく鶏肉で作りました。これはこれでおいしかったです。食材をたくさん買いだめすると、冷蔵庫や冷凍庫がパンパンになって逆に食材を悪くしてしまうので、なるべくたくさん買わないようにしています。

▼食のこと
久しぶりの餃子

久しぶりの餃子！　まだまだ焼くよー！　さつまいもの塩バターは、レンジで柔らかくしたさつまいもをバターでカリカリに焼いて、砂糖も少し入れて、仕上げにお塩を入れたらでき上がりです。

焼き餃子／チンゲン菜の中華炒め／さつまいもの塩バター／サラダ／おみそ汁／かぶの甘酢漬け／雑穀ご飯／フルーツ。

▼食のこと
大好きなチキン南蛮♪

今夜は大好きなチキン南蛮♪　タルタルを作るのが面倒なので、あまり作らないのですが、今日はがんばって作りました。あとは作りおきなどをいろいろと。

チキン南蛮／豆苗のナムル／えのきとエンドウのしょうゆ麹和え／ひじきの煮物／雑穀ご飯／おみそ汁／いちご。

▼食のこと

赤しそジュース

今年も作りました。赤しそジュース。スッキリサッパリおいしいな。牛乳で割って飲むのも好き。飲むヨーグルトみたいになります。いろんなレシピを参考にして作るんですが、今年のレシピは……。水2ℓを沸かして、赤しその葉っぱ250gを洗って入れる。10分ほど煮出したらザルでこしてギュッと上から絞る。煮汁を鍋に戻して砂糖400g入れて溶けたら火を止め、お酢400mℓ入れて完成♪　少し甘めです。

スッキリサッパリおいしい。

▼食のこと

冷やし中華と自家製ジンジャーエール♪

冷やし中華と自家製ジンジャーエール♪　新しょうがを使ったので、ほのかにピンク色になりました。ジンジャーエールはクックパッドのレシピです。辛口でぴりぴりおいしかった。にんじんの葉って水分が少ないからサクサクに揚がるんですよ♪　桜えび入れるとおやつみたいになってバリバリ食べられちゃいます。

冷やし中華／にんじんの葉と桜えびのかき揚げ／トマトとクリチのサラダ／高菜おにぎり／いちご。

37

のりえさん
norie

和食中心でバランスよく。食材、器にこだわります。

お肉の上に、角切りにし蒸し焼きにした、じゃがいも、にんじん、玉ねぎのミックス野菜と枝豆を散らしてでき上がり。彩りのよい一品に仕上がりました。

**プロのレシピやお料理教室
でのレシピを参考に
お店のようなお料理構成が理想だそうです。**

「のりえレシピ」
http://www.norie-recipe.com/

専業主婦になったのをきっかけに、お料理ブログを始めました。それ以来、食に対してどんどん興味が広がっていきました。外食でおいしいと思ったものを家でトライしたり、有名シェフの料理教室に通ったり。また、プロの方が使っている食材を自分でも取り寄せてみたりしているうちに料理をすることが楽しくなってきました。

以前は献立を決めてから買い物に行っていましたが、最近は買い物に行った先で食材を見てから献立を決めることが多くなりました。材料を決めてから買い物に行ってもよいものが手に入るとは限らないからです。とくに魚介類は鮮度や品質に大きな差があるので、まずよい食材を買い、その食材に合わせたメニューを考えるようにしています。

この日は、豚ヒレ肉ソテーのミックス野菜のせ。濱崎シェフ（リストランテ濱崎）のレシピです。白ワイン、バター、チキンブイヨンを煮詰め、イタリアンパセリを加えたソースと自家製トマトソースを器に敷き、その上にソテーしたヒレ肉をのせています。

にんじんとツナのサラダ。栗原はるみさんのレシピで、うちの定番メニューです。

フルーツトマトのスパゲッティ。バターで炒めたにんにくと新玉ねぎを蒸し焼きにし、フルーツトマトを加え、さら蒸し焼きに。塩、こしょう、オリーブオイルで味付け。パルミジャーノチーズをすり下ろしています。

紅秀峰（べにしゅうほう）。アメリカンチェリーと似ていますが、似ても似つかぬお味です。日本の果物って本当にすごいと思います。

▼食のこと
アジの南蛮漬け

私のレシピのバイブルは、『日本のおかず』（西健一郎著／幻冬舎）です。あとは有名シェフのレシピサイト「シェフごはん」を参考にしています。

今日の夕食は、アジの南蛮漬け。程よい酸味があって暑い夏にピッタリです。お野菜もたっぷりとれてヘルシーな一品ですね。最低でも一晩以上は寝かせると南蛮酢が馴染んで、よりおいしくなります。

汁物は、ハマグリの潮汁（うしおじる）。千葉県産のハマグリが大特価で売られていました。サイズは小ぶりですが、たっぷり入って600円。即買いです！　ハマグリから出るだしのおいしさってやっぱり特別ですよね。1滴も残りませんでした。

冷蔵庫には常に4、5種類のお惣菜をストックしているんですが、これらは午後の空いた時間に作っておくことが多いです。

上／アジの南蛮漬けは、一晩以上寝かせるとおいしくなります。　中上／ハマグリの潮汁。だしのおいしさは格別！　中下／かぼちゃのクリームチーズサラダ。九重（くじゅう）栗かぼちゃで作りました。ホクホク感が強いのが特徴で、最近のお気に入りです。　左下／つきこんにゃくとにんじんの甘辛煮。右下／割大根、きゅうり、瓜（京都・西利）。

PROFILE DATA

▼お名前
のりえさん

▼お住まい
東京都世田谷区

▼年代
40代

▼ご家族構成
2つ上の主人と、2頭のゴールデンレトリバー

▼お仕事
専業主婦

▼趣味、特技
旅行、スポーツ観戦、料理

▼好きな家事
料理

▼苦手な家事
苦手というわけではありませんが、アイロンがけをためてしまう傾向があります

▼挑戦したいこと
世界七大陸制覇（残りは南極大陸のみ）

▼時間があったらやりたい家事
お菓子作り

▼今の暮らし関連の悩み
食器がどんどん増えてしまい、収納に困り始めています

▼暮らし関連の夢
海外ドラマに出てくるような広々としたオープンキッチンの家かな（笑）

▼食のこと

鶏肉とねぎのポン酢炒め

私の夕食作りの時間は、普段は1時間です。和食中心でバランス良く作るよう心掛けています。ポン酢しょうゆは我が家は「馬路村」の「ぽん酢しょうゆ ゆずの村」を使うことが多いです。

■鶏肉とねぎのポン酢炒め

鶏もも肉大½枚／塩麹適量／長ねぎ1本／サラダ油適量／酒少々／砂糖小さじ2／ポン酢しょうゆ大さじ1・5／かつお節1袋

①鶏もも肉は食べやすく切って塩麹をもみこんでおく。長ねぎは斜め切りにする。

②フライパンにサラダ油を敷き、鶏肉を焼く。長ねぎを加え、火が通ったら酒、砂糖、ポン酢で味付け。火を止め、最後にかつお節を入れたらでき上がり。

上／ポン酢しょうゆはメーカーによって濃さがまちまちなので、お好みで量を調整してください。 中上／サバの塩麹漬け（Oisix）は冷凍庫に必ずストックしているお気に入り。 中下／かぼちゃの甘煮。九重（くじゅう）栗かぼちゃです。ホクホクに仕上がりました。 左上／こんにゃくのピリ辛煮。最後にかつお節を入れることで旨味も加わります。 右上／蒲鉾（日本橋 神茂）はいただきもの。グチのすり身が使われていてとてもおいしかったです！ 左下／赤かぶの甘酢漬け、夏の野菜のピクルス、長いものしょうゆ漬け（塩香源）。塩香源（しおかげん）は二子玉川ライズの地下に入っているお気に入りの漬物屋さんです。 右下／アールスメロン。こちらは義父母から。すごく甘かったです。

▼季節のこと

トウモロコシの天ぷら

静岡産の「ロイヤルメイズ」という真っ白いトウモロコシで天ぷらを揚げました。ロイヤルメイズは糖度20度以上。生でも食べられる甘いトウモロコシを包丁で削ぎ取り、かき揚げの要領でカリッと揚げています。なるべく薄衣にしたいので粉の量は少なめです。揚げると水分が抜けてさらに甘くなります。

■トウモロコシの天ぷらの作り方

トウモロコシ1本／米粉小さじ1／天ぷら粉30g／水50㎖／氷適量／片栗粉小さじ½／キャノーラ油適量

①トウモロコシ（生）を包丁で身を削ぎ取り、ボールに入れたら米粉をまぶす。

②天ぷら粉30gと水50㎖を混ぜ、そこに氷を1つと、片栗粉を加えて衣を作り、①を合わせておく。

③160度に熱した油に、スプーンですくった②を入れる。揚げる時間は3分くらい。最後のほうは火を強くして高温（180度）にするとカリッと揚がります。

上／かき揚げの要領でカリッと揚げました。
中上／マゴチのお刺身。とてもおいしい白身魚。
中下／ひじきの煮物。　下／きゅうりとささみのごま酢あえ。　左下／自家製長いものお漬物。3日間漬けます。　右下／銀座「空也」のもなか。お友達からのいただきものです。

豚バラロール／春雨中華酢／長いも短冊／パプリカソテー／ニラとしめじのスープ

38

kimiさん

kimi

作りおきを活用し気取らず食べやすいうちごはん。

「晩ごはんメニューに困ったらkimiさんのInstagramを見る」という人がいるほど、お手本にしたい献立。

Instagram「@shikihori」

基本、一汁三菜を基本にしています。作るのが大変にならない、気取らず食べやすいメニューが多いです。

毎週、1週間分の献立予定をたて、買い物には食材、数やグラムを書いたメモを持参しますが、お買い得な食材に出会えたときは変更します。

実家が以前は洋食屋をしていたので、小さいながらもどんなふうに料理ができるかを目の当たりにして育ちました。手作りごはんは心も身体にも元気をくれる、大事なものだと思っています。食べ応えも栄養もあり、飽きない家庭料理が目標です。

仕事を始めてから、いかに手早くきちんと作るかを考えるようになり、以前からやっていた作りおきをもっと活用しています。

月曜日の夕飯支度前後に作りおき。翌日のおかずに合わせて、前日の夕飯用意時に野菜だけ洗う、切る、半調理をするようにしています。

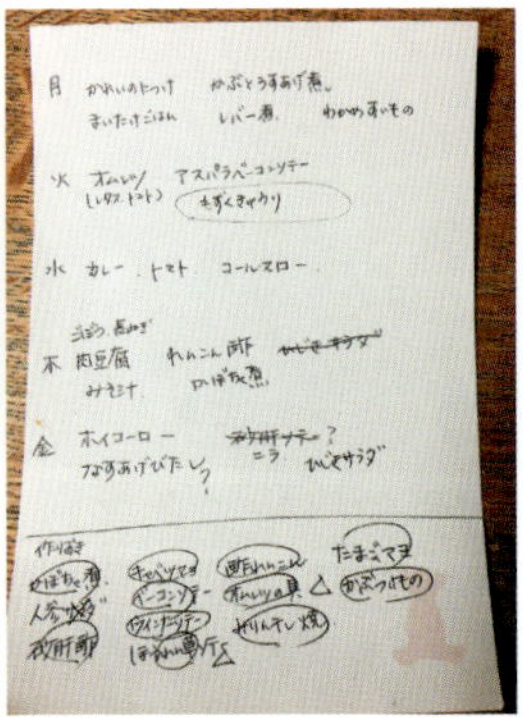

冷蔵庫。乾物同士や、市販品同士（ルーや、マヨネーズなど）をかためて置いています。

食のこと
アジのアクアパッツァ

魚はなるべく必ず週1は食べるように気を付けています。

アクアパッツァは、豪華に見えるけど、実は作るのが楽ちん、お助けメニュー。野菜をひいて塩こしょうして、白ワインで煮るだけです。アサリは冷凍でもいいから、あるほうがおいしい。

アジのアクアパッツァ／厚揚げケチャップ炒め／かぼちゃのサラダ／ニラ卵スープ

食のこと
豚肉とじゃがいもしょうゆマヨ炒め

我が家はご飯大好きだから、どうしてもご飯に合うおかずになります。

豚肉とじゃがいもしょうゆマヨ炒め。豚は先に塩で軽く炒めて取り出してから、その油でじゃがいもをソテー、パプリカを炒めて、肉を戻し入れ、塩こしょう、しょうゆをたらり、最後にマヨ投入！　マヨが消えないうちに盛り付けます。

ナスのおひたし、朝食にもいいですよ。

豚肉とじゃがいもしょうゆマヨ炒め／ブロッコリーと玉子サラダ／ナスのおひたし／シーフードサラダ

食のこと
ブロッコリーと豚コマのオイマヨ炒め

今日は簡単ごはん。へとへとで作るのが面倒なときもあるけれど、やっぱりうちごはんは落ち着くし、おいしい。忙しいときは、さっと作れるものを並べて。

ブロッコリーと豚コマのオイマヨ炒め／ナスのしょうが酢しょうゆ和え／ゆでもやし食べる辣油載せ／長ネギと小松菜みそ汁

PROFILE DATA

お名前
kimiさん

お住まい
現在は東京都。転勤がある家族

年代
40代

ご家族構成
主人と小学生の娘2人

住まい
賃貸マンション

お仕事
週5の事務パート

趣味、特技
友人とお喋り、読書

好きな家事
洗濯

苦手な家事
片付け

挑戦したいこと
断捨離、オーブン料理、家計簿

時間があったらやりたい家事
片付け、パン作り、ワインの勉強、自分の家事をまとめてノートに整理したい

今の暮らし関連の悩み
モノが多いこと、時間繰りが下手なこと、片付けできてないこと

暮らし関連の夢
片付けをしてスッキリしたなかで素敵なテーブルコーデで友人とパーティーすること

▼食のこと

大人気、焼き手羽先

我が家の大人気定番メニュー、これさえ出せば誰も何も言わない、焼き手羽先（笑）。中骨を1本取り、にんにく、しょうゆで下味をつけて魚焼きグリルで中火で焼いただけ。

小松菜とツナのサラダ、おいしいので、よくリピートします。

焼き手羽先／冷奴／小松菜とツナのサラダ／大根みそ汁

▼食のこと

アジの開き

今日は主人の帰りが早く、家族そろっての夕飯ができました。

豚じゃがは、普通の肉じゃがの薄めの味付けに、カレー粉を投入。煮込むときにカレー粉を入れました。みんなよく食べました。日増しに暑さが増してくるので、いろいろ気をつけたいと思います。

アジの開き／カレー風味豚じゃが／小松菜サラダ／もやしのみそ汁

▼食のこと

チキンのカシスマスタード焼き

今晩は、いただいたカシスマスタードで、チキンのソテー。粒マスタードがピンク色でかわいい。しかも、ほんのりフルーティーな香り。粒マスタード系で大して辛くなく、娘らもパクパク。あ、写真の鶏肉は3人分です。

チキンのカシスマスタード焼き／モロヘイヤごま和え／にんじんラペ／お豆腐のみそ汁

▼食のこと

おうちで呑みメニュー

今日は日帰り出張で帰宅が早かった主人。たまには2人でゆっくり飲むのもよいかなと、呑みメニューにしました。と、いっても量は、1人1・5缶くらいのかわいいものですが（笑）。久々ゆっくり、お酒を夫婦で楽しみました。ローストビーフ作っといてよかった。

ローストビーフ／ゆでウィンナー、カマンベールチーズ／にんじんラペ／ブロッコリーと玉子のサラダ

▼食のこと

野菜たっぷり酢鶏

酢鶏は、酢豚の味付けで、もも肉をソテーしたもので作ります。酢豚や、酢鶏はたくさん野菜が食べられるから好きなんです。

今日は久々にゆったりしているので、クリーニングをまとめて出したり、アイロンをかけたり、書き物をしたり。いつもついつい後回しになるものをできて、ちょっとスッキリ。

酢鶏／ひじきの煮物／きんぴらゴボウ／大根のみそ汁

▼食のこと

漬けマグロ丼

娘は漬けが大好物。みりんとしょうゆとごま油でマグロを漬けました。私はちょっと甘めが好き。白身のお刺身で軽く漬けてもおいしい。

漬けマグロ丼、とろろ付き／ゆでなすのごまだれ和え／オクラとジャコの和え物／かきたま汁

毎日働き続けるうちの台所風景です。

39

河合絵理さん

Kawai Eri

子育てをラクにする早寝早起きと計画的な食事作り。

3人の小さなお子さんを育てる河合さん。先取り家事を工夫しています。

Instagram「@erifebruary10」

ちょっと先の自分を助けてくれるもの。作り置きが少しあるだけで気持ちに余裕ができます。

羽仁もと子さんの思想を元に生活技術を勉強する団体「友の会」。その講習会で教えてもらった、〝洋風のもと〟を作りました。玉ねぎ、にんじん、ピーマンをみじん切りにして合挽き肉と炒め、小分けにして冷凍しておくものです。チャーハンやコロッケ、ドライカレーなどに便利です。

子育てをラクにするコツは、「早寝早起きと計画的な食事作り」。毎日のリズムができていると、親はあれこれ度々言わなくてもすみます。うまくいかない日もあるけれど、基本ができているとすぐに戻れます。

これからも、こころが豊かになるようなごはん作りをしていきたいなぁ。

台所に立って、一気に料理を仕上げていく時間が好きです。下準備もわりと好き。無心になれ、余計なことを考えず目の前のことに集中できるところが。

たくさん並んだ常備菜を見るのもうれしいですが、それがだんだん減ってなくなっていく冷蔵庫もいい。冷蔵庫もこころの中も、いっぱいにしすぎず、たまには空っぽに、きれいにしていきたいな。

長女のリクエストで豚の生姜焼き。下ごしらえした作り置きが少しあるだけで気持ちに余裕ができます。

▼家族

今の暮らしの大切さ

1日が早い。朝が来たと思えば気づけば夕方……。今までもいろんなことな精一杯やってきたつもりだけれど、こんなに思うようにいかず、誰かのために全力を尽くす毎日はなかったなぁ。

「お母さん」に休みはなくて、ごはんが出てきたり、時間になればお風呂が沸いてお布団が敷いてあって、いつの間にか部屋がきれいになっていて、当たり前に思うことはいつも誰かが自分のためにしていてくれていたことだったんだと気付く。

大変だ大変だと思いながらも、今の暮らしの尊さや時間の大切さを感じる。

子どもたちの幼稚園や学校での姿を見て「ああふたりとも頑張ってるなあ。頑張ってるなあ」と目頭が熱くなる。

つい、自分ばかりが頑張ってばかりいるように思ってしまいがちでしたが、見えないところで家族それぞれがその場で頑張っているんだなぁと改めて感じた日。

▼小さな工夫

マイペースな人たちの朝。

あれこれとその場その場で目についたことをして、気がつけば一日中せかせかと過ごしてしまっていました。時間に追われてつい子どもを急かす、そんなことがイヤだなぁとも思っていました。

朝から夜までのスケジュールを細かく書き出し、何をするのか何がしたいのか、何時までに仕上がっているといいのかなど一覧にすることで、家事と自分の時間の使い方を見直すことができました。現状がなんだかうまくいかないなぁと思いながらただ文句を言うだけではなく、なにか変えていかないと、という思いからの一歩。

一歩ずつ、少しずつ。よくなりますように。

▼家族

家の雰囲気はお母さんが作っている

わたしがせかせかしているときは子どもたちにも落ち着きがなく、話したいのに言えなくてぐずぐずしてしまったり、ケンカになったり。

わたしが（たとえやることができていなくても）どっしり構えているときは、それぞれで遊びを探したり作ったり……子どもが小さいうちは、まだまだ家の雰囲気はお母さんが作っているんだなぁと改めて実感。

子どものために効率よく、と思っていても、相手をしてほしい子どもそっちのけでは意味がないですよね。

昨日は寝る前に子どもたちとたくさん話をして、そんなふうに思いました。

PROFILE DATA

▼お名前
河合絵理さん

▼お住まい
大阪府

▼年代
30代

▼ご家族構成
夫、長女（7）、次女（6）、長男（3）

▼住まい
中古一戸建て（築35年）

▼お仕事
主婦

▼趣味、特技
本を読むこと

▼好きな家事
料理と片付け

▼苦手な家事
アイロンがけ

▼挑戦したいこと
末っ子が幼稚園に入ったら、ずっとしていたテニスを再開したい

▼時間があったらやりたい家事
子どもと一緒におやつ作り、ごはん作り

▼今の暮らし関連の悩み
あれこれ効率よくと思うあまり、ついせかせかしてしまうこと

▼暮らし関連の夢
〝暮らし〟のひとつひとつを楽しむこと

家族

晩ごはん支度できました

晩ごはんの支度（ほぼ）できました。

最近は、長男のぐずぐずも少し落ち着き、夕方に台所に立つ時間も確保しやすくはなったのですが、やはり早めに支度を済ませておくほうが自分のペースには合っているようです。

煮物やおみそ汁（みそを入れる手前まで）、ゆで野菜は朝（か昼）のうちに。晩ごはんの時間が近づいたら、お米を洗って土鍋で炊き、その間に温め直したり器を用意するだけで済みます。洗い物も一気に出ないし、夕方には思考回路がほぼ止まっているので。

ささいなことですが、専業主婦のわたしはどうしたら、家事や収納、子どもたちのことも含め家の中でのことが、昨日よりよくなるかなぁ、うまくできるようになるかなぁと考えます。

家庭はちいさな社会です。うまくいったりいかなかったり。こんなちいさな社会でも毎日悩んでいます。

これからいろいろな人と出会うであろう子どもたち。大きな社会もちいさな社会も基本は同じ。自分の頭で考えて、自分の責任で歩めるように成長してほしいと思うのです。

家族

それぞれのペースで。

旦那はお仕事の土曜日。朝はゆっくり。部屋でそれぞれのペースで好きな時間を。

買い物に行って。
お昼を食べて。
図書館行って。
おやつを食べて。
なんてことない休みの日だけれど、いい1日だった。

食のこと

台所を預かる自分のペースで

後藤由紀子さんの「『hal』日和」を読んでいたら作りたくなった、いなりずし。

特別じゃなく、毎日の食卓に自分が食べたいもの、家族が食べたいものを。

やる気のある日もない日も毎日続くものだから、台所を預かる自分のペースでやっていきたい。

▼家族
しあわせの真っ只中

毎日、ほんの少しでも、絶対に誰にも邪魔されない静かな時間が確保できたらなあ。寝てる間（いつ起きるかわからない）、1人遊びしてくれている間（目は離せない）も、意識はちょっと先を向いていて、そんな時間についはかどる家事に手を付けたりしてしまう。

ひとつ家事を終えたと思ったら、また次が始まって、追いかけっこで。終わったと思って寝たら、また朝がきて、繰り返し。

ごはん中に一度も席を立たずにごちそうさまをすることは夢の夢だし、お風呂に入っている間に「まま～？　まま～!!」と5分おきに呼ばれないことを望むし、朝、誰よりもゆっくり寝ることも、急ぎ足じゃなくて買い物に行くことも今のわたしにはできないけれど、それでも誰かのためになにかしたいと思い、必要とされている今は、きっときっとしあわせの真っ只中。

きのうは小学校で収穫してきた大根を、自分でおろしてごはんを4杯食べた長女。「おいしい～!」のある食卓は、やっぱりいいな。

▼家族
今のわたしのしごと。

夕方、家の前で友達と遊んでいた小1の長女。ふと見たら少し指から血がにじませていました。家族でいると、そんなときはすぐにメソメソ泣いてしまう子。でも友達の前だからか、言葉少なく我慢していました。

家での顔と外の顔。こんなふうに、1人でぐっとこらえる瞬間がこれからたくさんやってくるんだろうなぁ。子どものことをすべて把握できるときはもう終わっていて、これからは親も子も、強くなっていかないといけないんだな。必要なときにはしっかり構えていてあげられるように……。

家族が毎日帰ってくる家を整えること。おいしいごはんを用意すること。みんなの顔をしっかり見ること。

それが今のわたしの仕事だと再確認。

▼家族
自分の足元を見つめ直す

結婚して3人出産して駆け抜けてきたこの8年。常に乳飲み子がいて寝不足、おんぶに抱っこ、24時間ずっと子育てというしんどさの中、なんとかやってきた。そのときそのとき、必死の連続。先の見えない、わりと孤独な育児。

1人の時間は少なく、たまに1人になると、欲張りすぎて疲れたり失敗したり。時間の使い方もうまくないけれど、あと1年すれば末っ子も幼稚園に入る。

今年はわたしの中で、もっと自立して暮らしを見直し、立て直していくチャンスの年。今までできないと割り切っていたことや、やりたくないのにやっていたことなどを行動に移すとき。現状を変えたいなら自分が変わること。母として成長したい。

どんなに眠くても、だるくても、必ず朝はやってきて、子どもたちのお腹は空く。お母さんに休みはない。

40

mihoさん

miho

一日を楽しく終えるために。家事は「回し流す」。

フルタイム勤務で
2人のお子さんを
育てるmihoさんです。

Instagram「@miho00725」

イマドキの対面キッチンではないけれど、お料理しているときも、洗い物しているときも、背中合わせで、振り向くだけで、応対してあげられるこの位置。安心。

食洗機を持たない我が家。昔、子どもたちと食洗機を買いに、量販店へ行ったときのこと。食洗機のお値段と洗浄にかかる時間を見て、「高っ!!しかも、手で洗ったほうが早いじゃん。みんなで拭けばすぐ終わるよ」とムスコが言ってくれ、購入をやめました。当時、そんな心ときめく言葉を発してくれたかわいいボーイも、今は私より大きい、声変わりした、反抗期ヤローとなり、並んで食器を拭くことも少なくなりましたけど、いいよ、いいよ、食洗機買うなら野球のバットを買ってやるよ、と思いつつ、大切な思い出を胸に、せっせと茶碗を洗い、乾燥は自然の力にお任せしています(笑)。

フルタイム勤務なので、家事も仕事もこなすと言うより、こなすのを前提に回し流す感覚でいます。効率よく詰まらず淀まず1日を流す。

お弁当もどうしたらもっと簡単にラクに苦なく……みたいなことばかり考えて作っています。

食器を拭かない代わりに、今日はこの窓を拭きました……窓枠も桟もピッカピッカ。

今日は照り焼きチキン弁当。のっけ弁はラク!

▼家族

頑張ってる自分を押し売りするのはやめよう

今日はフライにしようと思っていたけどやーめたっ。家事放棄して、早くから息子の野球見学へ。

余裕がなくて眉間にシワ寄せながら、ご飯の支度するお母さんなんてやだやだ。潔くお惣菜買ってきて食べたほうがよっぽどいいと、私は思う。

部屋がちょっと汚くても、夕飯がお惣菜だったとしても、笑ってくれてたほうがいい、と、家族も言うはず。頑張ってる自分を押し売りするのはやめよう（笑）。

今朝はむかついたアイツも野球しているときは、眩しいくらいかっこよかったよ。そんな姿をたくさん見られて、今日もよき日となりました。1日を楽しく終われるなら、手抜きも賢い術じゃないかー！

麦ご飯、肉団子汁（作りおき）、ニラ饅頭（市販品）、納豆（パックのままでよろしく）、キムチ

▼家族

一番の応援は、心配しないこと

中学校生活スタートのムスコ、明日からは応援歌練習。さらっとしか聞いてないけどそうらしい。

ムスメからは、公文からのただいまコールに私が気づかず出なかったから、「ママー!! 早く電話に出なさーい!!」と、受話器に向かって叫んでたよと報告がありました。

そして1人でおやつを食べたらしい。親が子に出来る一番の応援は〝心配しないこと〟だそう。心配より信頼。見守り信じる。自分のことも、子どものことも。

ご飯（大人はキムチ納豆、子供は肉みそ桜でんぶ）／ワカメと万能ネギのおみそ汁／ぶりの照り焼き／切干大根の煮物／赤かぶの酢漬け／りんご／豆乳

▼家族

野球少年のお母さん。

私は野球少年のお母さん。去年は仕事が終わってから日が暮れるまで、毎日グランドで一緒に自主練。朝早く起きて作るお弁当や、倒れそうに暑い日や凍えそうに寒い日の応援、きっつー！ やばっ、しんどっ！ と思うことはある。でも楽しい（笑）。

背番号が何番でも、新しいユニフォーム姿のムスコは眩しすぎて、自分の時間を丸投げしてもいいくらい、瞬きするのも惜しいほどに、ずっと見ていたいです。こういうのを親バカというのでしょうか（笑）。

さて、明日もコイツの送迎（笑）。旦那さんは用事で行けないから、私一人で片道200キロ。お母さん、どこまでだって送ってくし。最後まで共に頑張りましょう。

反抗期ヤローとはなんだかんだいって仲良し。と母は勝手に思ってます。

PROFILE DATA

▼お名前
mihoさん

▼年代
40代

▼ご家族構成
4人家族

▼住まい
一戸建て

▼お仕事
フルタイム

▼趣味、特技
趣味は野球観戦、特技はすぐ寝れてすぐ起きれること

▼好きな家事
掃除、収納

▼苦手な家事
窓拭き

▼挑戦したいこと
資格取得

▼時間があったらやりたい家事
断捨離、セルフリフォーム

▼暮らし関連の夢
子どもたちに手がかからなくなったら旅行がしたい

41

箱木尚子さん

Hakogi Naoko

南高梅を大事に育てる梅農家の日々。

「ポテカゴ」を肩にかけて青梅を手摘みで収穫。紅色がついて美しい。

紀州みなべで
家族で梅作りを
している専業農家です。

「箱木農園」
http://hakogi.jp/
Instagram「@hakonao23」

和

歌山県みなべ町の南高梅農家に嫁ぎ、家族で梅農家を営んでいます。

梅雨時は大忙し。たくさん収穫して、青梅は出荷、黄色い完熟梅は自宅の大型タンクに漬け込みます。収穫は今までやってきた仕事の集大成。すごく忙しいですが、活気ある楽しい季節でもあります。梅の甘酸っぱいアロマな香りに包まれながら家族総出で早朝から夕暮れまで作業します。

完熟南高梅は、桃のようなフルーティーな香り。

梅畑から我が家を見下ろす風景。山里に住んでよかったと思える瞬間です。

ものづくり

完熟落下した南高梅

完熟の黄色い梅たちを毎日休みなく見続けて何日が過ぎてるでしょうか。先週、先々週のピーク時には、親戚や学生さんが助っ人に来てくれて、家族だけでは収穫できない量の梅を漬け込むことができました。本当に感謝です！

完熟の梅を拾い集め、その日のうちに漬け込むので、やわらかい果肉でほんとうにおいしい梅干しになります。作業中はずっと梅の甘酸っぱい香りに包まれています。

完熟梅を収穫してその日のうちに漬け込みます。

ものづくり

完熟南高梅を塩漬け

サイズ別に選別された完熟南高梅を、専用の大型タンクに塩漬けします。甘酸っぱい香り♪

天日干しして、等級別にひと粒ずつ選別し、熟成期間を経て、樽にしばらく寝かせて梅と塩がなじんできてから、ようやく食べられる状態になるのです。

爽やかな甘酸っぱい香り。

ものづくり

夏の梅仕事

夏の梅仕事は、塩漬けした梅をタンクから上げて天日干しする作業と、干し上がった梅干しの選別、樽詰め作業です。今年収穫した梅を、8月に入ってから干し始めました。ひとつひとつ手作業で選別するので根気がいります。音楽やFMなど聴きながら、ときには一緒に作業している家族と会話しながらしています。

タンクから上げてすぐの梅は黄色で、天日に干すと紅色に変わります。一粒一粒が我が子のようにかわいい、大切な宝物です。

天日干しすることで紅色になります。

PROFILE DATA

お名前
箱木尚子さん

お住まい
和歌山県

年代
40代

ご家族構成
夫、娘3人、義母の3世代家族

住まい
築約50年の木造一戸建て

お仕事
梅専業農家、梅干しネット通販

趣味、特技
お菓子作り、料理、布小物作り、読書、美術鑑賞

好きな家事
料理

苦手な家事
掃除

挑戦したいこと
月1回くらいで予約制農家カフェをやってみたい

時間があったらやりたい家事
部屋の模様替えと断捨離

今の暮らし関連の悩み
部屋の間取りが昔仕様で使いにくいこと

暮らし関連の夢
農業滞在者も沢山受け入れられて、もっと住みやすい家に建て直ししたい

作りながら、昭和を懐かしんでいます。

42
嶋田佐知子さん
Shimada Sachiko

遊びのこころで「昭和弁」を作っています。

「料理はレクリエーション」
という言葉に感銘を受け、
遊びのこころを大事にしているそうです。

Instagram「@shimada_sachiko」

毎週金曜日に、昭和をイメージした「昭和弁」を夫に作っています。昔の料理本に書かれていた「料理はレクリエーション」の言葉に感銘を受け、遊びのこころを持った弁当作りを目指しています。ある日は塩おにぎり。でも自分で作ってみると、思い出のなかにある母のおにぎりと違うなーと。そういえば母の味の決め手は塩で握ったあとにパッパとふりかける「味の素」。買ってきて使ってみるとたちまち懐かしい昭和がよみがえりました。

オムライスの玉子で思い出したけど、私のおばあちゃんは生卵を飲んでましたね。茶碗に割り、しょうゆをちょっとたらして、ズズッとね。昭和40年代の話。

昭和弁のアイドル、赤いタコさんウインナーが昭和の洋食・オムライスを華麗に彩ります。

▼お弁当

マルシンvsイシイ

昭和のロングセラー食品。1970（昭和45）年発売のイシイのハンバーグ。先週マルシンハンバーグを取り上げてから、次の昭和弁はイシイのハンバーグにしようと決めていた。

わたしにとっては、マルシンは子どもの頃の思い出、そしてイシイのハンバーグはもう少し後、そしてイシイのミートボールは自分の子どもたちが幼稚園の頃のお弁当の思い出！　みなさんはマルシンvsイシイ、どっち派ですか？わたしは断然マルシン派です！

懐かしいイシイのハンバーグ。

▼お弁当

出前のかつ丼が好きでした

今ではすっかり見かけなくなった、出前のバイク。デリバリーじゃなく、出前。そばにラーメンにかつ丼……。最近うなぎやお寿司の出前はとったことあるけど、それだって車で持ってきたもんなぁ。

昭和の昔は、玄関に置かれた黒電話の脇に寿司屋や蕎麦屋の出前のお品書き表がぶら下がっていたっけ。お客さんが来たりすると、出前でもとるか、ってなってましたね。わたしが好きだったのは、断然かつ丼です。……昔の出前のかつ丼には必ずグリンピースが乗ってたよね。そして、どんぶりのふたの上には漬物の小皿が。

かつ丼にはグリンピース。

▼お弁当

大家族主婦のごはん作り

昭和の家庭は大家族だったですねぇ。

友だちはみんな当たり前に3人兄弟だったし、3世代同居が普通、おじさんおばさんまでいたりして。ウチは最大8人家族でした。

大家族主婦の毎日のごはん作りは大仕事だっただろうな。大鍋いっぱいのけんちん汁、大皿に山盛りの煮物。天ぷらなんかした日にゃ、揚げただけでお腹いっぱいだったでしょうね。いろんな種類を揚げるからついつい食べきれないほどになっちゃうんだよね。

久しぶりに揚げて余ったかき揚げを見てたらそんなことを思い出しました。

昭和の大家族主婦の大変さを思いながら。

PROFILE DATA

▼お名前
嶋田佐知子さん

▼お住まい
栃木県

▼年代
昭和38年生まれ。50代前半

▼ご家族構成
夫婦とネコ3匹。2人の息子は独立しました

▼住まい
田舎の庭付き一戸建て。築24年

▼お仕事
営業職の会社員

▼趣味、特技
ピアノ・合唱・ハワイ旅行

▼好きな家事
庭仕事

▼苦手な家事
だいたい全部

▼挑戦したいこと
英会話

▼時間があったらやりたい家事
断捨離（親の家の片付けをきっかけに、自分の将来を考えて）

▼今の暮らし関連の悩み
老後の資産準備について

▼暮らし関連の夢
ハワイ移住！

43

電気ビリビリさん
denkibiriribri

毎日おいしく楽しくTKG（卵かけご飯）。

出張先でも当然TKG。納豆TKGは最強です。

会社員の電気ビリビリさん。
朝早く出るため、
自分で手早く作る朝ごはん。

Instagram「@denkibiriribri」

以前は奥さんの作る朝ごはんを食べていたのですが、引っ越しで6時20分には家を出なくてはいけないため、自分でちゃっとできる「TKG（卵かけご飯）」を楽しんでいます。はじめは朝ごはんの記録のつもりでInstagramに卵かけご飯をアップしていましたが、何の変哲もない朝ごはんをイイね！してくれる人が段々増えて今では以前以上に朝ごはんを食べることが楽しくなりました。

晴れの日も雨の日も風の日も。おうちでも出張先でもお魚釣りのお供にも。ほぼ毎日「TKG（卵かけご飯）」。でもおうちの冷蔵庫に卵がひとつしかなかったときは、玉子焼きが好きな子どものために、涙をのんでそっと冷蔵庫のドアを閉めています（笑）。

カブの刻みを作っていたのでご飯に混ぜ混ぜ。

卵パッカーン。シンプルでうまい。

▼食のこと

おかゆ＋シエンタンTKG

日曜の朝。お鍋に水をはって、生米から中火でかき混ぜ続けておかゆのでき上がり。シエンタン（卵の塩水漬け）と福岡・太宰府の「梅の実ひじき」でいただきましたよ
　シエンタンは20%くらいの塩水に殻のままの卵を漬けこんで1カ月放置でできます。このシエンタンは2カ月位漬けたもの。最初腐るかと思ってたけどこれが不思議、全く腐らず漬けたら漬けるほど黄身がねっとり、おいしい。

ねっとりした黄身がおいしい。

▼食のこと

豚温しゃぶのTKG

朝の準備の間に豚をレンチン。玉ねぎと青ねぎと共に盛り付けました。そこへごまだれとタコライス用のホットソースを混ぜたものをかけていただきましたよ。
　肉系のTKGはやっぱり朝から元気が出る気がしますね。ホットごまだれとも好相性。ごまだれでもTKGはイケるってことですね。

ちょっと豪華なTKG。

▼食のこと

薬味たっぷりTKG

薬味どっぱどばの納豆TKG。昨日の仕事帰りの買い物中に、なぜか急にねぎたっぷりの納豆TKGが食べたいという欲求が沸々と湧きまして、「やっこねぎ（高知産）」・みょうが・しそを買い足しました。でもって朝から薬味これでもかの納豆TKG。癖になりそうです。

これでもかというほど薬味をのせて。

PROFILE DATA

▼お名前
電気ビリビリさん

▼お住まい
関西

▼年代
30代

▼ご家族構成
私・奥さん・子どもの3人チーム

▼お仕事
会社員

▼趣味、特技
趣味は釣りです。釣り中のごはんもTKGです

▼好きな家事
簡単な料理を作ることとアイロンがけは私の仕事です

▼苦手な家事
洗濯物は干しますが、洗濯機の使い方が分かりません

▼挑戦したいこと
お手製のオリジナル平茶碗を作ってTKGしたいです

▼時間があったらやりたい家事
洗濯機のフル活用

▼今の暮らし関連の悩み
夫婦共働きで仕方がないのですが、もう少し家族で食事する機会を増やしたいです

▼暮らし関連の夢
3人チーム（増員は大歓迎）いつまでも変わらず楽しく過ごしていきたいです

PROFILE

大阪生まれ、大阪育ち。元気あふれる2歳男子の育児に奮闘中の、アラサー主婦です。お料理も子育ても「できることを、できるときだけ。しんどくならない・無理しない・サボりたい日はサボって良い!!」をモットーに、マイペースで楽しんでいます。家族や大切な人たちのために、食事の時間が楽しくなるようなあったかいごはんを作りたいと思っています。

instagram
https://www.instagram.com/morningsun3480/

column

あさひさん

asahi

「ていねいな暮らし」ってどこにあるんですか？

最近「ていねいな暮らし」という言葉がよく聞かれるようになりました。

それを体現するかのごとく、豊かな時間を過ごす日常生活を切り取って、SNSで発信する人も増えてきています。そこで垣間見える「ていねいな暮らし」は、あまりにも美しくて、「よし、私も!」と奮起できるときもあれば、逆に「自分はなんて情けないんだろう……」と落ち込んでしまうときもあります。

でも、リアルには本当は「ぜんぜんていねいに暮らせない人」で溢れていると思うのです。

いろんな環境、いろんな事情の人がいて、みんなそれぞれに折り合いをつけながら生活しています。どこかの誰かみたいに、ていねいに暮らしたい。だけど、道のりは遠い。そんな風に過ごしている人が、本当はたくさんたくさんいるはずだと思うのです。でも、そういう暮らしって、実はめちゃくちゃ愛らしいじゃないですか。

憧れや理想にむかう小さな階段を、少しずつでも上ろうとして暮らすこと。そういう毎日を「ていねいな暮らし」と呼んだっていいじゃないかと思うのです。

私自身も、家族のための料理の写真をInstagramに投稿していますが、料理が大好き、という訳ではありません。ただ、少しずつ増えていく、自分が投稿した写真を見ることで、積み重ねてきた日々に励まされているのです。私は現在、やんちゃな2歳男児の子育ての真っ最中。できない日もあります。やりたくない日も、しょっちゅうあります。でも、それでいいんです。自分の食事は余り物をぜんぶボウルに突っ込んで、キッチンで立ったまま食べているのだとしても。できない日を憂うのではなく、できた日を祝いたいだけなんです。

慌ただしく過ぎ去ってゆく日々の中に、自分なりに楽しみを見出して生活すること。いまの自分をきちんと知って、納得しながら生きること。そんな中で、誰かの発信する暮らしぶりを参考に、できることだけ取り入れてみたり。自分で自分の楽しみを増やしていく。自分の理想とする暮らしからは、まだまだほど遠くても……。それもまた、いまの私の愛すべき暮らしだ！と、自分を労ってもいいと思うのです。

イヤイヤ期まっただなかの2歳児。

私が食べた自分のための朝ご飯（キッチンにて立食）。

Instagramに投稿した家族のために作った朝ご飯。

PROFILE

結婚を機にノルウェーに来て、今年で27年目。出身は石川県金沢市です。料理とパン、お菓子作りが大好きで、ノルウェーの方向けにお料理教室もしております。最近は病気にならないような健康な体を作る食生活をテーマに考えることも多くなってきました。家族みんなが楽しく元気に、北欧の豊かな自然の中で穏やかに生活できるような、そんな暮らし作りをしていきたいと思っています。

「りえべん made in Norway
元気になるおべんとう」
https://riesbentoandcookingjapan.wordpress.com/

column

りえさん
rie

北欧のお姑さんが教えてくれた食器洗い

今年でこちらにお嫁にきてから26年目に入りました。ノルウェーでは食洗機は8割の家庭にありますが、食洗機がいっぱいのときや、食洗機で洗えないものを洗うときなどは手で洗います。私がお嫁にきてから、主人の母に習った、食器洗いのやり方をご紹介しますね。

まずお皿に残った汚れをキッチンペーパーできれいに拭き取ります。

シンクを食器洗い用洗剤でさっと洗い、熱いお湯で流します。そこに60度の熱いお湯をためて、食器用洗剤を数滴入れます。

最初にグラスを洗います。ゴム手袋をして長い柄のついた食器洗い用のブラシで洗い、洗ったら水きりかごにふせて乾かします。最初は泡をすすがないことにびっくりしましたが、ノルウェーだけではなく、海外では結構これが普通の国が多いようです。日本式に流水の下で丁寧によくすすいでいましたが、水の無駄遣いであると主人の母によく怒られたものです。でもこちらの洗剤は泡ぎれがとてもよく、この方式で洗ったコップで水を飲んでも洗剤の味はしません。今ではあまり前ほど気にならなくなりました。

次はフォーク等のカトラリー類、そしてお皿を小さいお皿から洗います。最後はお鍋を汚れが少ない順番に洗います。

これら洗ったものをふきんで拭いて片付ければ終わりなのですが、ノルウェーの小学校の家庭科では、ふきんは「雑菌の巣」になりがちなので、水きりかごで自然乾燥させるのが一番衛生的と教えているそうです。

最後に使ったお湯を抜いて、シンクをさっと洗います。シンクについた水滴はキッチンペーパーでぬぐい取り、磨いておくのが主婦のかがみだと主人の母に教わりましたが、なかなか実行していない私です。ノルウェーの水は硬水なので、シンクに水垢としてついてしまうから、その予防策のようです。

すすがない、というのは日本の方には抵抗があるかと思いますが、熱いお湯とキッチンブラシでの食器洗い、一度試してみてはいかがでしょうか。かわいいキッチンブラシを使うのは楽しいですよ。

ノルウェーの国民的洗剤「ZALO」。数滴できれいになります。

キッチンブラシの種類は豊富です。

column

Mischaさん

Mischa

アメリカ人は「家事」をどう考えている？

PROFILE

日本でのOL生活を経てアメリカ人の夫との結婚を機にニューヨーク州の北部に移住。80〜90年代に訪れたイギリスで西洋料理に興味を持ち、料理教室で学んだ後アメリカの料理とベーキングを紹介するブログを開始しました。カロリーが高いアメリカの食事を工夫しながら日本人体型の維持に努めています（笑）。地元の猫レスキュー団体で活動を始めて3年、ボランティア仲間との交流も楽しみの一つになりました。

ミセスNewYorkの食卓
http://suzannelane.blog42.fc2.com/

アメリカに実際に住んでみてまず驚いたことは、家事の多くを「家電任せ」にしていることですね。

ほぼ9割の家に食洗機が備え付けてあります。洗濯乾燥機も同様に、あって当たり前のものです。そもそもアメリカには物干しざおがありません。

基本的にアメリカ人にとって「楽をすること」は大事なんですね。特に家事という労働にアメリカ人は大した価値を見出していないと思います。なければないほうがいい、という感じです。そういった意味では、「専業主婦」という肩書も、アメリカでは大した意味がないような印象を受けます。専業主婦にあたる「ハウスワイフ」とか「ハウスメーカー」という言葉はありますが、これは定年後の無職の女性とか、育児期間中でやむを得ず仕事を辞めて家にいるという女性向けの表現です。

アメリカに移住して最初の数年、主人の友人や知り合いに会うたび、「アメリカには何しに来たの？」と聞かれるのがおっくうでした。彼らは私にまず「留学」とか「仕事」とか目的があってアメリカへ来て、その延長線上に結婚があったのかと聞いていることがわかってきたんです。結婚していようがいまいが、「学生か職業人かボランティア従事者か」といった、女性も社会とつながる何かをすることを期待しているのです。

食事の大半をいちから手作りしたり、食洗機や乾燥機にも頼らず、ぞうきんで掃除をしたりして、1日の大半を家事をして過ごす、私の生活が彼らに理解されることはありません。その家事にも人生の意義とかやりがいがあるなどと言ったら、ますます不可思議に思われることでしょう（笑）。

家事が苦痛ではない私は夕食後も翌日の主人のお弁当の準備など、キッチンでもくもくと仕事を続けているのですが、主人にはもっとリラックスしなさい、一緒にTVを観ようと言われてしまいます。こちらの人たちは、本当に家族や友人と過ごす時間、楽しみを大事にしています。だから主婦が家族と過ごす時間を捻出するためには、いかに家事を簡単に済ませるかが大事という面もあるのかもしれないですね。

我が家のランドリールーム。あまり乾燥機は使っていません。

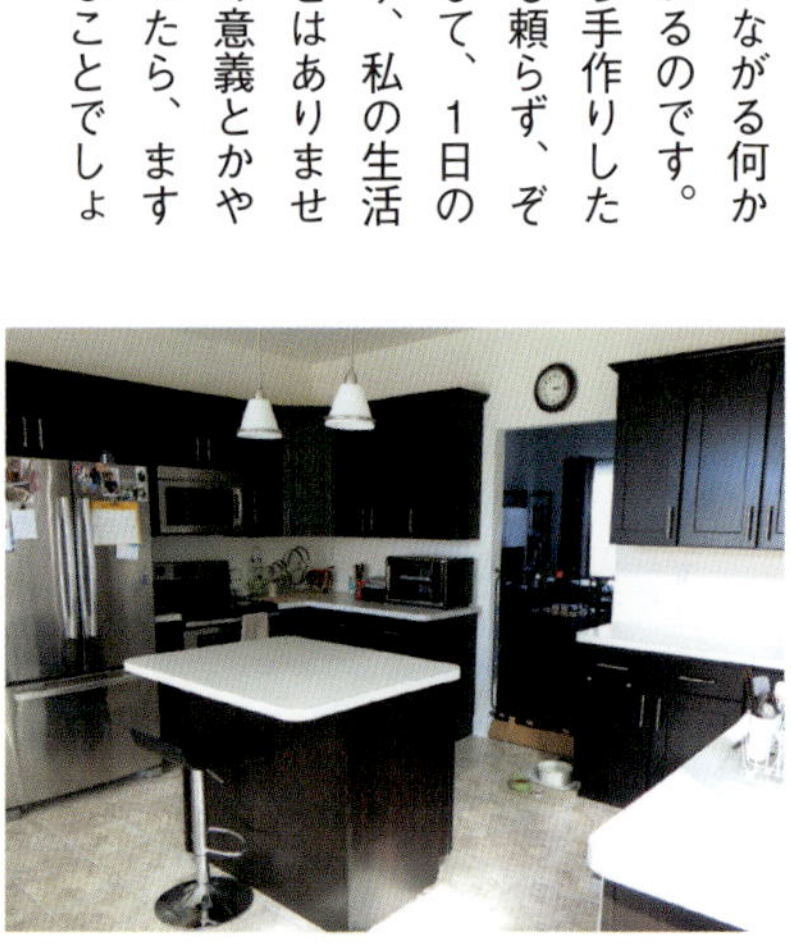

私はキッチンでお菓子や料理を作る時間が大好きです。

column

マダム愛さん

ai

家事サービスを惜しみなく頼むフランス人

PROFILE

フランス人の夫と2歳の息子とパリで3人暮らし。海外とは無縁だった私が、たまたま東京駐在中だったフランス人と恋に落ち、気がつけばパリマダムとやらになっておりました。慣れない海外生活は大変な事もあるけれど、その分、新しい発見もたくさんあり、刺激的で楽しい日々を送ってます。

「マダム愛の徒然日記」
http://paris777.blog.fc2.com/

約1年ほど前、今のアパルトマンに引っ越してきてすぐ、とあることに気付きました。それは、平日の昼にもかかわらず、上の階から子どもの足音やピアノの音、そしてときには掃除機の音まで聞こえてきまして、日中も誰かがいる感じなのです。

そういえば不動産屋さんが、この辺りはパリでは珍しく、専業主婦がいるエリアと言っていたのを思い出し、これはお友達になれるかも、と引っ越しのご挨拶を兼ねて、菓子折を持って訪ねてみたのです。

現れたのは20代前半くらいの若い女性と、3～4歳の女の子。

「私はこの家のお手伝い兼ベビーシッターです。マダムは今日は出張で戻らないんですよ。改めていらして下さい」

後で知ったのですが、こちらのお宅は出張の多い超エリート夫妻。お手伝い兼シッターさんの彼女をアパルトマンの最上階に住まわせていて、ほぼ住み込み状態で雇っているらしいのです（余談ですがパリのアパルトマンの最上階、屋根裏部屋は、元々使用人の部屋として使われていた歴史があり、今もその階へアクセスするには、専用の出入り口や裏の階段を使わないとならないとか、そんな風習が根強く残っています）。

こんなふうに〝ほぼ住み込み〟の人を雇っている家庭は、そこまで多くはないですが、フランスでは人を招くときは料理人を雇ったり、子どもが多く集まるときはベビーシッターに来てもらったりすることが結構あります。セレブな家庭だけでなく、一般家庭でも同じで、子どものいない共働き夫婦でも、掃除に来てもらうなどは普通のようです。

そして日本に比べると断然頼む人が多いからなのか、その分お値段もけっこう安いです。掃除やベビーシッターなどは1時間10ユーロ（約1247円。2017年5月）から雇うことが可能で、1回50ユーロも出せば、アパルトマンをぴかぴかにしてくれます。

こういったサービスを惜しみなく頼むフランス人。それで夫婦のゆったりとした時間、心の余裕、家族の円満が買えるなら、決して高い買い物ではないと思っているのです。

もっともフランスの女性は日本の女性に比べてかなり強くて怖く、堪え難いレベルになることもざらなので、優しいフランス男性の恐妻対策としてこんな文化が浸透したのかもしれませんね。

アパルトマンの最上階、屋根裏部屋は元は使用人部屋だったそうです。

オンラインメディア
「みんなの暮らし日記 ONLINE」
やってます!

『みんなの朝食日記』『みんなの家しごと日記』『みんなの持たない暮らし日記』『みんなのお弁当暮らし日記』……大人気シリーズ「みんなの日記」ブランドが、ウェブサイトになりました！

家事、暮らしを大切に、きちんと丁寧に、そしてシンプルに楽しみたい人を応援したい！というコンセプトで料理や掃除・片付けなどの家事上手で話題の、人気インスタグラマーさん、人気ブロガーさんによる記事を多数掲載。

毎日の家事をラクに楽しくする実用的な情報に、モチベーションがアップする、ちょっとした共感ストーリーをプラスしてお届けしています。

ぜひご覧ください！

翔泳社　みんなの暮らし日記ONLINE編集部

スマホでも！

➡ https://minna-no-kurashi.jp/

みんなの暮らし日記ONLINE　検索

PCでも！

お問い合わせ

本書に関するご質問や正誤表については下記のWebサイトをご参照ください。

刊行物Q&A
http://www.shoeisha.co.jp/book/qa/
正誤表
http://www.shoeisha.co.jp/book/errata/

インターネットをご利用でない場合は、FAXまたは郵便にて、下記までお問い合わせください。

〒160-0006 東京都新宿区舟町5
FAX番号 03-5362-3818
宛先
（株）翔泳社 愛読者サービスセンター

電話でのご質問はお受けしておりません。

※本書に記載された情報は、各著者のInstagram、ブログ掲載時点のものです。情報、URL等は予告なく変更される場合があります。
※本書の出版にあたっては正確な記述につとめましたが、著者や出版社などのいずれも、本書の内容に対してなんらかの保証をするものではありません。
※本書掲載の製品はすべて各著者の私物です。現在入手できないものや、各メーカーの推奨する使用方法ではない場合があります。同様の方法をお試しになる場合は、各メーカーによる注意事項をお確かめの上、自己の責任において行ってください。
※本書に記載されている会社名、製品名はそれぞれ各社の商標および登録商標です。

装丁デザイン　米倉 英弘（細山田デザイン事務所）
DTP制作　杉江 耕平
編集　本田 麻湖、山田 文恵

みんなの暮らし日記
家事をシンプルに楽しむための、ちょっとしたこと。

2017年 7月18日　初版第1刷発行
2017年11月20日　初版第4刷発行

編者　みんなの日記編集部
発行人　佐々木 幹夫
発行所　株式会社 翔泳社（http://www.shoeisha.co.jp）
印刷・製本　株式会社 廣済堂

ISBN978-4-7981-5003-1　Printed in Japan.